Für:

Von:

Datum:

This edition published by arrangement with
Warner Books, Inc., New York, New York, U.S.A.
Originally published in English under the title
***Never Lose Heart* by Joyce Meyer**

Dieses Werk wurde vermittelt durch die
Literarische Agentur Thomas Schlück GmbH, 30827 Garbsen.

Adullam Verlag
St.-Ulrich-Platz 8
85630 Grasbrunn
089 468801
www.adullam.de

ISBN 978-3-931484-55-2

2. Auflage, Dezember 2009

Herstellung:
Übersetzung: Dagmar Schulzki
Gestaltung: Anne Richter, Druckerei Mißbach
Druck: GGP Media GmbH, Pößneck
Lektorat: Joshua Werling, www.wortschoepfung.info
Korrektorat: Barbara Doering, Das gute Wort

Lass dich nicht entmutigen

JOYCE MEYER

Inhaltsverzeichnis

Wenn du unter Stress leidest

Wenn wir uns dafür entscheiden,
*dem **Herrn zuzuhören** und zu gehorchen,*
kehrt in jede Situation Frieden ein.

Wenn wir möchten,
*dass **unser Leben gesegnet** wird,*
müssen wir der Weisheit folgen.

GOTTES WORT FÜR DICH

Seid um nichts besorgt, sondern in allem sollen durch Gebet und Flehen mit Danksagung eure Anliegen vor Gott kundwerden;

und der Friede Gottes, der allen Verstand übersteigt, wird eure Herzen und eure Gedanken bewahren in Christus Jesus.

PHILIPPER 4, 6–7 (ELBERFELDER)

eins

WENN DU UNTER STRESS LEIDEST

Vor einigen Jahren ging ich zum Arzt, weil ich ständig krank war. Er sagte mir, dass die Symptome auf Stress zurückzuführen seien. Ich schlief falsch, ernährte mich ungesund und verlangte mir immer mehr ab – alles „für den Herrn".

Stress ist geistige und emotionale Anspannung und mittlerweile ein normaler Teil unseres Lebens. Gott hat uns so erschaffen, dass wir einem bestimmten Maß an Druck standhalten können. Problematisch wird die Sache, wenn wir unsere Grenzen überschreiten und Gefahr laufen, uns dauerhaften Schaden zuzufügen.

Für jeden Menschen, der an Jesus Christus glaubt, sollte Friede der Normalzustand sein. Jesus ist der Friedefürst und in ihm finden wir unseren Erbteil, unseren Frieden. Dieser Friede ist ein Geschenk des Heiligen Geistes, das er uns gibt, wenn wir seinem Wort beständig gehorchen.

Der Friede Jesu wirkt in guten und in schlechten Zeiten,
wenn es dir gut geht und wenn du erniedrigt wirst.
Sein Friede wirkt inmitten des Sturms.

GOTTES WORT FÜR DICH

Wisst ihr denn nicht, dass euer Leib der Tempel (das Heiligtum) des in euch lebenden Heiligen Geistes ist, den ihr [als ein Geschenk] von Gott empfangen habt?

Ihr gehört euch nicht selbst, ihr seid mit einem Preis [mit einer Kostbarkeit] erkauft [und bezahlt, ihr seid zu seinem Eigentum gemacht] worden. Verherrlicht und ehrt deshalb nun mit eurem Leib Gott!

1. KORINTHER 6, 19–20

Weißt du es etwa nicht? Hast du es nicht gehört? Der ewige Gott, der Herr, der Schöpfer der Enden der Erde, ermüdet nicht und ermattet nicht; nicht zu ergründen sind seine Kenntnisse.

Er gibt dem Ermatteten und Müden Kraft und dem ohne Macht mehrt er die Stärke [er bewirkt, dass sie sich vervielfacht und im Überfluss vorhanden ist].

JESAJA 40, 28–29

ERFRISCHUNG FÜR DIE MÜDEN

Wenn wir mit Stress richtig umgehen und ihn überwinden möchten, müssen wir zunächst erkennen und uns dann eingestehen, dass wir unter Stress leiden. Obwohl ich ständig unter Kopfschmerzen, Rückenschmerzen, Magenschmerzen, Nackenschmerzen und all den anderen typischen Stresssymptomen litt, fand ich es sehr schwer, mir einzugestehen, dass ich mir körperlich, geistig, emotional und geistlich zu viel abverlangte. Ich tat, was meiner Überzeugung nach Gott von mir wollte, anstatt Gott wirklich zu suchen und herauszufinden, was ich wann und wie oft tun sollte. Wenn wir uns selbst missbrauchen, hat das schlimme Folgen.

Der Herr gibt zwar den Müden und Ohnmächtigen Kraft, doch wenn du ausgebrannt bist, weil du ständig deine körperlichen Grenzen überschreitest, brauchst du körperliche Ruhe. Der Herr mag dir in bestimmten Fällen aus Gnade übernatürlich Energie schenken, doch du bist ungehorsam, wenn du deinen Körper, den Tempel des Heiligen Geistes, missbrauchst.

Wenn du willst, dass Gott durch dich wirkt, musst du auf deinen Körper achten. Wenn du deinen Körper auslaugst, kannst du nicht einfach zum Kleiderschrank gehen und einen neuen anziehen!

Gottes Salbung weicht,
wenn du außerhalb seiner Führung wirkst.

GOTTES WORT FÜR DICH

Ich, die Weisheit [Gottes], mache die Klugheit zu meinem Wohnort und finde Erkenntnis und Zurückhaltung.

SPRÜCHE 8, 12

Die Weisheit [die göttliche Weisheit, die umfassende Einsicht in die Wege und Absichten Gottes] des Klugen ist es, seinen Weg zu begreifen …

SPRÜCHE 14, 8

Klugheit

Ein Wort, über das wenig gelehrt wird, ist „Klugheit". In der Bibel steht „Klugheit" beziehungsweise „klug" dafür, die Gaben, die Gott uns gegeben hat, gut zu verwalten. Diese Gaben beinhalten unter anderem unsere Zeit, Energie, Kraft, Gesundheit sowie unseren Besitz. Sie schließen sowohl unseren Körper als auch unseren Verstand und unseren Geist ein.

Jeder hat andere Gaben erhalten und der eine ist im Umgang mit diesen Gaben geschickter, der andere weniger geschickt. Manche haben sich sehr gut im Griff, andere mehr schlecht als recht.

Wir müssen wissen, wie viel wir bewältigen können. Wir müssen in der Lage sein, zu erkennen, wann wir unsere Grenze erreicht haben. Statt uns selbst zu überlasten, um anderen zu gefallen, unsere eigenen Wünsche zu erfüllen oder unsere persönlichen Ziele zu erreichen, müssen wir auf den Herrn hören und ihm gehorchen. Wir müssen der Weisheit folgen, wenn wir gesegnet sein möchten.

Niemand kann alle Stressverursacher aus seinem Leben entfernen. Deshalb müssen wir klug sein, die Stressfaktoren ermitteln, die uns am meisten beeinflussen, und lernen, ihnen richtig zu begegnen.

Gott ist gut und er will, dass du glaubst, dass er einen guten Plan für dein Leben hat und dass er in der Situation, in der du dich befindest, wirkt.

GOTTES WORT FÜR DICH

Es wird aber geschehen, wenn du der Stimme des Herrn, deines Gottes, wirklich gehorchst und darauf achtest, alle seine Gebote zu tun, die ich dir heute gebiete, dann wird dich der Herr, dein Gott, als höchstes über alle Völker der Erde setzen. Und der Herr wird dich zum Haupt setzen und nicht zum Schwanz; und es wird mit dir immer nur aufwärts gehen und nicht abwärts …

5. MOSE 28, 1 UND 13 (SCHLACHTER, VERSION 2000)

… nun dienen wir nicht in [Gehorsam gegenüber] dem alten Gesetz der niedergeschriebenen Vorschriften, sondern [in Gehorsam gegenüber der Führung des Heiligen Geistes] in dem Neuen [Leben] des Geistes.

RÖMER 7, 6

STRESS MINDERN

Als ich begann, diese Botschaft über Stress vorzubereiten, bat ich den Herrn, mir zu zeigen, wie ich dieses Material präsentieren sollte. Er gab mir eine Botschaft, ein Wort aus dem Vaterherzen für den Leib Christi in dieser Zeit.

Ein weiterer wichtiger Schlüssel, wenn wir den Stress, den wir erleben, vermindern möchten, ist *Gehorsam*.

Dann erleben wir möglicherweise stressige Situationen, doch sie können uns nicht *bedrücken*. Es besteht ein großer Unterschied zwischen, etwas souverän *zu meistern* und von etwas *erschlagen zu werden*.

Wir alle geraten in Situationen, die wir nicht mögen. Doch dank der Kraft Gottes können wir stressfrei durch diese Zeiten gehen.

Obwohl auch wir, wie die Menschen in der Welt, stressige Zeiten erleben werden, können wir *über* dem Stress stehen, wenn wir Gottes Wort und Gottes Weisung gehorchen.

Glaubst du, dass Gott dich in den Sieg, in den Triumph führt und nicht in eine Niederlage? Wenn du ein Kind Gottes bist, wenn du an Jesus Christus glaubst, sollte deine Antwort „Ja" lauten! Wenn wir als Gläubige auf alles hören würden, was der Herr uns sagt, und ihm gehorchen würden, würden wir nicht so oft Niederlagen erleben.

Wenn wir der Führung des Heiligen Geistes folgen, sorgt das oft sehr schnell dafür, dass der Stress nachlässt.

GOTTES WORT FÜR DICH

Wisst ihr denn nicht, dass ihr, wenn ihr euch kontinuierlich jemandem unterordnet und seinen Willen tut, die Sklaven dessen seid, dem ihr gehorcht? Sei es nun die Sünde, die zum Tod führt, oder der Gehorsam, der zur Gerechtigkeit (zum rechten Handeln und zur Rechtfertigung vor Gott) führt?

RÖMER 6, 16

Denn wenn ihr meiner Stimme willig gehorcht und meinen Bund haltet, dann sollt ihr aus allen Völkern mein Eigentum und mein Schatz sein; denn die ganze Erde gehört mir.

2. MOSE 19, 5

GOTT SALBT GEHORSAM

Gottes Gnade und Kraft stehen uns zur Verfügung, damit wir Gebrauch davon machen. Gott befähigt uns, er gibt uns die Salbung des Heiligen Geistes, um das zu tun, was *er* uns aufträgt. Manchmal weist er uns an, in eine bestimmte Richtung zu gehen, doch wir verfolgen beharrlich unseren ursprünglichen Plan. Tun wir etwas, das er nicht billigt, muss er uns nicht die Kraft geben, die wir brauchen, um es zu tun. Wir handeln dann in unserer eigenen Kraft und nicht gemäß der Führung des Heiligen Geistes. Am Schluss sind wir so frustriert, gestresst und ausgebrannt, dass wir unsere Selbstbeherrschung verlieren, und das einfach nur, weil wir die Führung des Heiligen Geistes missachtet haben.

Viele Menschen sind gestresst und ausgebrannt, weil sie nicht Gottes Weg, sondern ihren eigenen Weg gehen. Sie gehen in eine andere Richtung, als die, die Gott ihnen vorgegeben hat, und geraten am Ende in Stresssituationen. Dann brennen sie inmitten ihres Ungehorsams aus und bitten Gott in ihrem Kampf, sie zu salben, damit sie das, was sie außerhalb seiner Führung begonnen haben, zu Ende bringen können.

Gott ist barmherzig und er hilft uns, wenn wir Fehler machen. Er wird uns jedoch nicht dafür Kraft geben, ihm beständig ungehorsam zu sein. Wir können viel Stress und heilloses Durcheinander vermeiden, wenn wir der Führung des Heiligen Geistes beständig gehorchen.

Gott in den kleinen Dingen zu gehorchen,
trägt maßgeblich dazu bei, Stress zu vermeiden.

GOTTES WORT FÜR DICH

Lasst ab, werdet still und erkennt (wisst und versteht), dass ich Gott bin. Ich werde unter den Nationen erhöht sein! Ich werde auf der Erde erhöht sein!

PSALM 46, 11

⚜

Vertraue auf den Herrn, stütze dich auf ihn und gründe deine Zuversicht auf ihn. Tue das mit deinem ganzen Herzen und deinem ganzen Sinn und verlasse dich nicht auf deine eigene Einsicht und dein Verständnis. Erkenne und anerkenne ihn auf all deinen Wegen, so wird er deine Pfade lenken, sie ebnen und gerade machen.

SPRÜCHE 3, 5–6

SEI STILL UND ERKENNE, DASS ER GOTT IST

Einer der Hauptgründe, warum viele ausgebrannt sind und unter Stress leiden, liegt darin, dass sie nicht still werden, um Gott zu „kennen" und ihn „anzuerkennen". Wenn wir Zeit mit ihm verbringen, lernen wir, seine Stimme zu hören. Wenn wir ihn anerkennen, lenkt er unsere Wege. Wir müssen lernen, in unserem Inneren zur Ruhe zu kommen und in diesem friedlichen Zustand zu bleiben, sodass wir immer bereit sind, die Stimme des Herrn zu hören.

Viele Menschen rennen heutzutage von einer Sache zur nächsten. Sie kommen in ihrem Denken nie zur Ruhe und können somit auch sonst nicht zur Ruhe kommen.

Lange Zeit glaubte ich, ich müsse jeden Abend etwas zu tun haben. Ich musste überall mitmischen und an allem beteiligt sein, was vor sich ging. Ich dachte, ich könne es mir nicht leisten, etwas zu verpassen; ich wollte vermeiden, dass etwas geschah, von dem ich nichts wusste. Ich konnte mich nicht hinsetzen und still sein. Ich musste immer herumrennen und etwas tun. Bald war ich kein Mensch mehr, ich war nur noch ein Arbeitstier.

Wir müssen darauf achten, dass wir unsere Ideen und Pläne Gott vorlegen und dann unser Tempo zügeln und warten. Achte darauf, ob deine Pläne und Ideen von Frieden begleitet werden. Bitte den Herrn um seinen Willen in deinem Leben, werde still und erkenne, dass er Gott ist.

Gott gibt denen, die ihr Vertrauen auf ihn setzen, das Beste. Sei still und lass Gott seine Kraft in deinem Leben erweisen.

GOTTES WORT FÜR DICH

Frieden lasse ich bei euch, meinen [eigenen] Frieden gebe und vermache ich euch jetzt. Nicht wie die Welt gibt, gebe ich euch. Euer Herz werde nicht besorgt und sei auch nicht furchtsam. [Lasst nicht länger zu, dass ihr beunruhigt und durcheinandergebracht werdet, und erlaubt es euch nicht, furchtsam und eingeschüchtert und feige und unruhig zu werden.]

JOHANNES 14, 27

Und lasst den Frieden (die seelische Harmonie) des Christus in euren Herzen regieren (beständig als Schiedsrichter entscheiden) [er entscheide alle Fragen, die euch in den Sinn kommen, und gebe eine endgültige Antwort in diesem friedvollen Zustand], zu dem ihr auch [als Glieder des Leibes Christi] berufen worden seid in einem Leib [zu leben]. Und seid dankbar [und preist Gott beständig].

KOLOSSER 3, 15

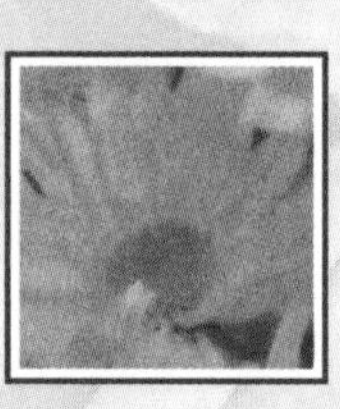

JESUS, UNSER FRIEDEFÜRST

Wenn wir unter Stress leiden, würden wir gerne die Probleme beseitigen, doch es sind nicht wirklich die Schwierigkeiten, Umstände und Situationen, die den Stress bedingen. Stress entsteht, wenn wir Probleme mit einer weltlichen Sichtweise angehen, statt im Glauben an Jesus Christus, den Friedefürst.

Das Blut Jesu hat unseren Frieden erkauft, doch wir haben auch einen Preis für diesen Frieden zu bezahlen: Wir müssen bereit sein, unsere Lebenseinstellung zu ändern. Wir werden nie Frieden genießen, wenn wir nicht gewillt sind, uns zu verändern und anzupassen. Wir müssen bereit sein, unser Sorgen und Grübeln zu opfern, wenn wir Frieden erfahren wollen. Wir können nicht ängstlich, frustriert oder gesetzlich sein und gleichzeitig den Frieden Gottes erleben.

Wir können den Frieden Jesu erleben, auch wenn wir Probleme haben, mit denen wir uns befassen müssen, denn er hat die Welt überwunden und hat der Welt ihre Macht, uns zu schaden, entzogen. Wir sind jetzt in der Lage, uns in den Griff zu bekommen, es uns nicht mehr zu erlauben, uns durcheinanderbringen zu lassen. Der Friede steht uns zur Verfügung, doch müssen wir uns für ihn entscheiden!

Der Friedefürst, Jesus, der in denen wohnt, die ihn angenommen haben, weiß, was in der jeweiligen Situation zu tun ist, um uns in den Frieden zu führen, und er wird es uns offenbaren.

Es ist unglaublich, was wir in Christus vollbringen können, wenn wir einen Tag nach dem anderen in seinem Frieden leben.

GOTTES WORT FÜR DICH

Selbst als wir tot waren wegen [unserer eigenen] Unzulänglichkeiten und Vergehen (nachdem sie uns umgebracht hatten), machte er uns lebendig in der Gemeinschaft und Einheit mit Christus [er gab uns Christi Leben, dasselbe neue Leben, durch das er ihn auferweckte]; denn aus Gnade (seiner Gunst und Barmherzigkeit, die ihr nicht verdient habt) seid ihr errettet worden (von dem Gericht und zu Teilhabern der Rettung in Christus geworden).

EPHESER 2, 5

Er gibt uns aber umso größere Gnade (Kraft des Heiligen Geistes, um dieser bösen Neigung und allen anderen entgegenzutreten). Deshalb spricht er: „Gott widersteht den Stolzen und Hochmütigen, den Niedrigen (denen, die demütig genug sind, sie zu empfangen) aber gibt er [beständig] Gnade.“

JAKOBUS 4, 6

WERKE ODER GNADE

Wenn wir versuchen, ein Leben, das wir aus *Gnade* leben sollen, durch *Werke* zu führen, werden wir frustriert. Je mehr wir versuchen, herauszufinden, was wir tun könnten, um unser Dilemma zu lösen, umso verwirrter, verärgerter und frustrierter werden wir.

Wenn du in eine solche Situation gerätst, halte einfach inne und sage: „Oh, Herr, gib mir Gnade." Und dann vertraue darauf, dass Gott dein Gebet gehört hat, es beantwortet und die Situation zum Guten wendet.

Glaube ist der Kanal, durch den wir die Gnade Gottes erhalten. Wenn wir versuchen, alles allein zu bewerkstelligen, ohne für die Gnade Gottes offen zu sein, werden wir – egal wie viel Glauben wir auch haben – dennoch nicht bekommen, worum wir Gott bitten.

Vor langer Zeit schrieb ich Folgendes auf einen Zettel und klebte ihn an meinen Kühlschrank:

Werke des Fleisches = Frustration

Wenn du dir das merkst, wirst du bald diese böse Tendenz, frustriert zu werden, überwinden. Wir müssen auf die Gnade Gottes vertrauen und uns auf sie verlassen. Gott weiß, welchen Herausforderungen wir in unserem Leben begegnen, und er wird die Dinge zum Besten wenden, wenn wir ihm vertrauen.

Denk daran: Wir erringen den Sieg über unseren Feind nicht durch Kraft oder Macht, sondern durch den Heiligen Geist.

GOTTES WORT FÜR DICH

Dem aber, der über alles hinaus zu tun vermag,
über die Maßen mehr, als wir erbitten oder erdenken,
gemäß der Kraft, die in uns wirkt …

EPHESER 3, 20 (ELBERFELDER)

Gott kann

Das ist eine aussagekräftige Bibelstelle, die uns zeigt, wozu unser Gott fähig ist – fähig, über die Maßen mehr zu tun, als wir jemals zu hoffen, zu erbitten oder uns vorzustellen wagen würden. Wir müssen beten und unsere Anliegen im Glauben und Vertrauen vorbringen. Doch es ist Gott, der das Werk tut, nicht wir. Wie tut er es? „*Gemäß der* [oder durch die] *Kraft* [oder Gnade Gottes], *die in uns wirkt.*" Alles, was wir vom Herrn bekommen, ist direkt mit dem Maß der Gnade, das wir zu empfangen lernen, verbunden.

Bei dem Versuch, mich zu verändern, setzte ich mich unglaublich unter Druck. Ich stand unter enormer Verdammnis, weil jede Botschaft, die ich hörte, mir zu sagen schien, ich solle mich ändern. Doch ganz gleich wie sehr ich es versuchte, glaubte oder bekannte – ich schaffte es nicht. Mein Leben war ein einziges Durcheinander, weil ich all die Dinge an mir sah, die verändert werden mussten, jedoch nicht in der Lage war, diese Veränderungen herbeizuführen.

Der Herr muss unsere Quelle, er muss unser Versorger sein. Er ist der Einzige, der Veränderungen in unserem Leben bewirken kann. Ich musste lernen, zu sagen: „Vater, obwohl ich deiner Hilfe nicht würdig bin, weiß ich, dass die Veränderungen, die du in meinem Leben sehen willst, nicht eintreten werden, wenn du nicht die nötige Kraft dafür gibst."

Gott verheißt uns, uns in unserer Schwachheit zu stärken, wenn wir ihm vertrauen und zu ihm kommen. Gottes Gnade wird in unserer Not in ausreichendem Maß vorhanden sein.

Wenn du entmutigt bist

Glück und Freude

kommen nicht von außen.

⚜

Sie kommen aus deinem Inneren.

Sie sind Folge einer

bewussten Entscheidung,

die du jeden Tag neu triffst.

GOTTES WORT FÜR DICH

[Was, was nur wäre aus mir geworden] hätte ich nicht geglaubt, die Güte des Herrn im Land der Lebendigen zu sehen!

Erwarte den Herrn, harre und hoffe auf ihn;
sei kühn und guten Mutes und dein Herz sei stark und beständig.
Ja, erwarte den Herrn, harre und hoffe auf ihn!

PSALM 27, 13–14

Denn ich kenne die Gedanken und Pläne,
die ich für euch habe, spricht der Herr,
Gedanken und Pläne des Wohlergehens und des Friedens
und nicht des Bösen, dass ich euch Hoffnung
im Blick auf euer Ende gebe.

JEREMIA 29, 11

zwei

WENN DU ENTMUTIGT BIST

Wir alle wurden schon einmal enttäuscht. Es wäre erstaunlich, wenn wir eine Woche erleben würden, ohne eine Enttäuschung zu erfahren. Wir erwarten etwas Bestimmtes auf eine bestimmte Weise, und wenn es nicht wie erwartet geschieht, sind wir enttäuscht. Wenn wir uns nicht mit unseren Enttäuschungen auseinandersetzen, werden wir entmutigt. Nach einiger Zeit besteht dann die Gefahr, zu verzweifeln und völlig niedergeschlagen zu werden. Sind wir einmal verzweifelt und niedergeschlagen, können wir uns mit nichts mehr auseinandersetzen.

Es gibt viele niedergeschlagene Christen, die nicht gelernt haben, mit Enttäuschungen umzugehen. Ihr Weg in diese Lage begann wahrscheinlich mit einer kleinen Enttäuschung, mit der sie nicht richtig umgegangen sind. Es entspricht nicht dem Willen Gottes, dass wir enttäuscht, niedergeschlagen oder bedrückt leben. Wenn wir enttäuscht werden, müssen wir lernen, mit dieser Enttäuschung fertig zu werden, damit wir nicht entmutigt werden und schließlich verzweifeln. Wenn wir lernen, unsere Hoffnung und unsere Zuversicht auf Jesus, den Fels (siehe 1. Kor. 10, 4), zu setzen und dem Teufel von Anfang an zu widerstehen, können wir in der Freude und dem Frieden des Herrn leben, frei von Entmutigung.

Entscheide dich dafür, dem Teufel energisch zu widerstehen, damit du in der Fülle des Lebens, die Gott durch seinen Sohn, Jesus Christus, für dich vorgesehen hat, leben kannst.

GOTTES WORT FÜR DICH

[Nein,] denn Gott hat das ausgesucht (bewusst ausgewählt), was in der Welt als töricht gilt, damit er die Weisen zuschanden mache, und das, was in der Welt als schwach gilt, damit er das Starke zuschanden mache. Und auch das als niedrig Geborene, das Unbedeutende, das Gebrandmarkte und das Verachtete der Welt hat Gott ausgesucht (bewusst ausgewählt), das, was nichts ist, damit er das, was etwas ist, enthebe und zunichtemache, damit sich in der Gegenwart Gottes kein Sterblicher [fälschlicherweise erhebe oder] rühme.

1. KORINTHER 1, 27–29

GOTT WÄHLT DAS UNWAHRSCHEINLICHE

Bedenke, wenn du entmutigt bist, dass Gott dich für seine Zwecke erwählt hat, so unwahrscheinlich dir das auch erscheinen mag. Dadurch eröffnete er dir die Möglichkeit, seine grenzenlose Gnade, Barmherzigkeit und Kraft zu erleben, sie dein Leben verändern zu lassen.

Wenn Gott uns gebraucht – obwohl wir uns wohl alle unzulänglich und unwürdig fühlen –, erkennen wir, dass er unsere Quelle ist und nicht wir selbst. „[Und das,] weil das Törichte [, das] von Gott [abhängt,] weiser ist als die Menschen, und das Schwache [, das] von Gott [ausgeht,] stärker als die Menschen" (1. Kor. 1, 25).

Jeder von uns hat eine Bestimmung und es gibt keine Entschuldigung dafür, sie nicht zu erfüllen. Wir können unsere Schwachheit nicht anführen, da Gott sagt, dass seine Kraft in der Schwachheit zur Vollendung kommt (siehe 2. Kor. 12, 9). Wir können auch unsere Vergangenheit nicht anführen, weil Gott uns durch den Apostel Paulus sagt, dass jemand, der in Christus ist, eine neue Schöpfung ist; das Alte ist vergangen und Neues ist geworden (vgl. 2. Kor. 5, 17). Nimm dir etwas Zeit und mache eine Bestandsliste deiner Gefühle für dich selbst. Wie sieht dein Selbstbild aus? Siehst du dich als neue Schöpfung nach Gottes Bild, auferstanden zu einem neuen Leben, das nur darauf wartet, dass du Anspruch darauf erhebst?

Jeder kann es schaffen, das zu sein,
was Gott mit ihm beabsichtigt hat.

GOTTES WORT FÜR DICH

... das Wort Gottes, das in euch, den Glaubenden, wirksam wirkt [das seine übernatürliche Kraft in denen entfaltet, die daran festhalten, ihm vertrauen und sich darauf verlassen].

1. THESSALONICHER 2, 13

An uns wird beständig gearbeitet

Sage doch jeden Tag: „Gott arbeitet in mir und an mir, jetzt in diesem Moment. Er verändert mich!“ Sprich mit deinem Mund aus, was das Wort sagt, nicht was du fühlst. Wenn wir unablässig davon reden, wie wir uns fühlen, kann das Wort Gottes in uns nur schwer wirken.

Wenn wir sein wollen, was wir in Christus sein können, werden wir Fehler machen – das tut jeder. Es lastet jedoch nicht so ein enormer Druck auf uns, wenn wir uns bewusst machen, was Gott von uns erwartet: Wir sollen unser Bestes geben. Er erwartet von uns jedoch nicht, vollkommen (völlig fehlerfrei) zu sein. Wenn wir so vollkommen wären, wie wir versuchen, zu sein, bräuchten wir keinen Retter. Ich glaube, Gott lässt immer bestimmte Fehler in uns, damit uns jeden Tag bewusst wird, wie sehr wir Jesus brauchen. Ich bin nicht vollkommen im Predigen. Es gibt Zeiten, da sage ich Dinge falsch, Zeiten, da glaube ich, von Gott gehört zu haben, nur um herauszufinden, dass ich nicht ihn, sondern mich gehört hatte. Sehr oft bin ich alles andere als perfekt. Ich habe weder vollkommenen Glauben noch eine perfekte Einstellung, keine vollkommenen Gedanken und ich lebe nicht vollkommen. Jesus wusste, dass es uns allen so ergehen würde. Deshalb trat er in den Riss zwischen Gottes Vollkommenheit und unserer Unvollkommenheit. Er verwendet sich *beständig* für uns, weil wir es *beständig* benötigen (siehe Hebr. 7, 25).

Wir dürfen nicht glauben, dass Gott uns nur annimmt, wenn wir vollkommene Leistung erbringen. Wir dürfen der Wahrheit glauben, dass er uns „in dem Geliebten“ annimmt.

GOTTES WORT FÜR DICH

Kämpfe den guten Kampf des Glaubens; ergreife das ewige Leben,
zu dem du berufen worden bist und [für das du]
das gute Bekenntnis [des Glaubens] vor vielen Zeugen bekannt hast.

1. TIMOTHEUS 6, 12

Sei ein Kämpfer

Energisch zu sein, bedeutet, ein Kämpfer zu sein. Paulus sagte, dass er den guten Kampf des Glaubens gekämpft habe (siehe 2. Tim. 4, 7), und wies seinen jugendlichen Jünger Timotheus an, ebenso den guten Kampf des Glaubens zu kämpfen. Genauso sollen auch wir in unserem täglichen Leben den guten Kampf des Glaubens kämpfen, indem wir in der Himmelswelt, in unserem Denken und in unserem Herzen gegen geistliche Feinde kämpfen.

Ein Teil davon, den guten Kampf des Glaubens zu kämpfen, besteht darin, in der Lage zu sein, den Feind zu erkennen. Solange wir passiv sind, wird Satan uns quälen. Wenn wir nichts tun, als dazusitzen und uns zu wünschen, dass die Dinge anders wären, wird sich an unserer Situation nichts ändern. Wir müssen etwas unternehmen. Zu oft gehen wir nicht gegen den Feind an, wenn er mit Entmutigung, Furcht, Zweifel oder Schuld gegen uns zu Felde zieht. Wir ziehen uns in eine Ecke zurück und lassen uns von ihm schlagen.

Wir sollten kein Boxsack für den Feind sein; wir sollten Kämpfer sein! Der Teufel will, dass wir mit allen kämpfen, mit denen wir in unserem Leben zu tun haben. Gott will, dass wir all den Müll, den Satan in uns aufwühlt, um uns gegen andere Menschen aufzubringen, vergessen. Er will, dass wir die geistlichen Feinde, die versuchen, über unser Leben Krieg zu führen und uns unseren Frieden und unsere Freude zu rauben, bekämpfen.

Geh gegen Satan an, wenn er versucht, Fuß zu fassen;
so wird er nie eine Festung errichten können.

GOTTES WORT FÜR DICH

*Denn so viele Verheißungen Gottes es gibt,
sie alle finden ihr Ja [ihre Erfüllung] in ihm [Christus].
Deshalb sagen wir auch durch ihn [in ihm und über ihn]
das Amen (so sei es) Gott zur Ehre.*

2. Korinther 1, 20

Zuversicht auf Jesus gegründet

An mehreren Stellen, wie beispielsweise in 1. Korinther 10, 4, wird in der Bibel von Jesus als dem Fels gesprochen. In Kolosser 2, 7 sagt Paulus darüber hinaus, dass wir in ihm gewurzelt und gefestigt sein sollen. Wenn wir unsere Wurzeln um Jesus Christus schlingen, haben wir eine gute Position. Wenn wir sie jedoch um etwas anderes schlingen, sind wir in Schwierigkeiten.

Nichts und niemand ist so solide, verlässlich und unverrückbar wie Jesus. Deshalb will ich nicht, dass Menschen in mir oder in meinem Dienst gewurzelt und gefestigt sind. Ich möchte Menschen auf Jesus verweisen. Ich weiß, dass ich sie letztendlich irgendwie enttäuschen werde, und ich weiß auch, dass sie mich letztendlich enttäuschen werden. Das ist das Problem mit uns Menschen – wir neigen dazu, zu versagen. Jesus tut das nicht.

Setze deine Hoffnung ganz und gar auf ihn; nicht auf Menschen, nicht auf Umstände, nicht auf irgendetwas oder irgendjemanden sonst. Wenn du deine Hoffnung und deinen Glauben nicht auf den Felsen der Erlösung setzt, steuerst du auf Enttäuschung zu, die zu Entmutigung, Niedergeschlagenheit und Verzweiflung führt. Wir sollten uns auf Gottes Liebe zu uns verlassen, sodass wir – gleich, was uns widerfährt – tief in unserem Inneren wissen, dass wir mehr als Überwinder sind.

Wir müssen an den Punkt kommen, an dem wir mit unserer eigenen Fähigkeit, ohne Christus, auf Grund laufen. Ohne Gott sind wir hilflos; mit ihm ist uns nichts unmöglich.

GOTTES WORT FÜR DICH

... lasst uns nun geduldig und mit Ausdauer, stetig, aktiv und beharrlich den vor uns liegenden und uns bestimmten Lauf laufen.

Indem wir hinschauen auf Jesus [weg von allem, was uns ablenkt], der uns leitet, die Quelle unseres Glaubens [er gibt uns den ersten Anstoß für unseren Glauben] und dessen Vollender i [er bringt ihn zur vollkommenen Reife]. Er ertrug für die Freude [darüber, die Belohnung zu erhalten], die vor ihm lag, das Kreuz. Er achtete nicht auf die Schande und sitzt nun zur Rechten des Thrones Gottes.

Denkt an ihn, der so schmerzlichen Widerstand und bittere Feindschaft von den Sündern gegen sich erduldet hat [betrachtet all das und vergleicht es mit euren Prüfungen], damit ihr nicht ermüdet oder erschöpft werdet, den Mut verliert und in euren Seelen ermattet und schwach werdet.

HEBRÄER 12, 1–3

BLICKE IMMER AUF JESUS

Es bedarf keiner besonderen Begabung, aufzugeben, alles hinzuwerfen und zu sagen: „Ich gebe auf." Jeder Ungläubige kann das.

Du musst kein Christ sein, um aufzugeben. Doch wenn du Jesus erst einmal ergriffen hast – oder besser, wenn er dich ergriffen hat – beginnt er, Kraft, Energie und Mut in dich hineinzupumpen, und es geschieht etwas Sonderbares, etwas Wunderbares: Er lässt dich nicht aufgeben!

Früher wollte ich ständig aufgeben. Doch jetzt stehe ich morgens auf und beginne jeden Tag ganz frisch aufs Neue. Ich beginne meinen Tag damit, zu beten, in der Bibel zu lesen, das Wort zu bekennen und Gott zu suchen.

Vielleicht schreit mir der Teufel ins Ohr: „Das hilft überhaupt nichts. Du tust das schon jahrelang und schau, wohin es dich gebracht hat – du hast immer noch Probleme!"

Dann sage ich: „Sei still, Teufel!" Die Bibel sagt, dass ich auf Jesus schauen und seinem Beispiel folgen soll. Er ist mein Leiter, meine Quelle und der Vollender meines Glaubens.

Wir müssen uns heute entscheiden,
dass wir vorwärtsgehen werden, komme, was wolle, dass wir auf
Jesus schauen werden, was auch immer geschehen mag.

GOTTES WORT FÜR DICH

Seid nicht beunruhigt und sorgt euch um nichts, sondern unter allen Umständen und in allen Dingen lasst Gott in euren Gebeten und Bitten mit Danksagung eure Wünsche (konkreten Anliegen) wissen. Und der Friede Gottes [wird euch erfüllen, dieser ruhige Zustand einer Seele, die sich ihrer Erlösung durch Christus sicher ist, daher nichts von Gott befürchtet und mit ihrem weltlichen Los zufrieden ist, welcher Art dies auch sein mag; dieser Friede], der allen Verstand übersteigt, wird eure Herzen und eure Gedanken bewahren und über sie wachen in Christus Jesus.

PHILIPPER 4, 6–7

DENKE ÜBER DAS NACH, WAS GOTT BETRIFFT

Wenn du nicht vor lauter Entmutigung niedergeschlagen sein möchtest, dann denke nicht über deine Enttäuschungen nach.

Wusstest du, dass deine Gefühle eng mit deinen Gedanken verbunden sind? Wenn du das nicht glaubst, dann nimm dir einmal zwanzig Minuten Zeit und denk an nichts anderes als an deine Probleme. Ich kann dir versichern, dass sich diese zwanzig Minuten deutlich auf deine Gefühle und vielleicht sogar deinen Gesichtsausdruck auswirken werden. Ich stand eines Morgens auf und dachte über ein Problem nach, das mich gerade beschäftigte. Plötzlich sprach der Geist des Herrn zu mir. Er fragte mich: „Joyce, mit wem willst du Gemeinschaft haben, mit mir oder mit deinem Problem?“

Wenn du enttäuscht wirst, sitz nicht herum und bemitleide dich selbst. So schlecht dir die Dinge auch erscheinen mögen – wir haben immer noch eine Wahl. Wir können uns zwischen der Gemeinschaft mit unseren Problemen und der Gemeinschaft mit Gott entscheiden. Wir können zulassen, dass unsere Gedanken bei den schlechten Dingen verweilen, bis wir völlig entmutigt und niedergeschlagen sind; wir können unsere Aufmerksamkeit aber auch auf all die guten Dinge konzentrieren, die uns in unserem Leben widerfahren sind – und auf all den Segen, den Gott noch für uns bereithält.

Unsere Gedanken sind stille Worte, die nur wir und der Herr hören, doch diese Worte beeinflussen unseren inneren Menschen, unsere Gesundheit, unsere Freude und unsere Einstellung.

GOTTES WORT FÜR DICH

Fangt uns die Füchse,

die kleinen Füchse,

die die Weinberge verderben!

HOHELIED 2, 15 (ELBERFELDER)

Fangt die Füchse

Kleine Enttäuschungen können uns frustrieren, was wiederum zu größeren Problemen führen kann, die großen Schaden anrichten. Neben den großen Enttäuschungen, die wir erfahren, wenn wir nicht befördert werden oder nicht das Haus bekommen, das wir haben wollten, können uns auch Kleinigkeiten sehr mitnehmen. Nimm beispielsweise an, du warst mit jemandem zum Mittagessen verabredet, doch er taucht nicht auf. Oder stell dir vor, du fährst extra zum Einkaufszentrum, um etwas im Sonderangebot zu kaufen, doch es ist bereits ausverkauft.

Im Grunde sind solche Enttäuschungen ziemlich klein, doch sie können sich summieren und eine Menge Kummer verursachen. Wir müssen also lernen, mit ihnen umzugehen und sie nüchtern zu betrachten; ansonsten geraten sie außer Kontrolle und werden künstlich aufgebläht. Wir müssen vor den kleinen Füchsen, die die Weinberge verderben, auf der Hut sein, weil sie zusammen ebenso viel Schaden anrichten können wie die schwerwiegenden Enttäuschungen, die sie oft begleiten.

Wir müssen lernen, zu handeln, wie Paulus es in der Apostelgeschichte tat, als sich die Schlange an seiner Hand festbiss – er schüttelte sie einfach ab (siehe Apg. 28, 1–5). Wenn wir uns darin üben, uns gleich dann mit Enttäuschungen zu befassen, wenn sie entstehen, werden sie sich nicht zu einem Berg auftürmen, der uns eines Tages erdrückt.

Sieg besteht nicht darin, dass es keine Probleme gibt;
er besteht darin, dass Gottes Kraft zugegen ist.

GOTTES WORT FÜR DICH

Das Geheimnis, das von den Weltzeiten und von den Geschlechtern her [Engeln und Menschen] verborgen war, jetzt aber seinem heiligen Volk (den Heiligen) geoffenbart worden ist.

Es gefiel Gott, ihnen zu zeigen, wie groß der Reichtum der Herrlichkeit dieses Geheimnisses für die Heiden sei, das ist: Christus in euch und unter euch, die Hoffnung [der Erkenntnis] der Herrlichkeit.

KOLOSSER 1, 26–27

CHRISTUS IN DIR, DIE HOFFNUNG DER HERRLICHKEIT

Wir können die Herrlichkeit Gottes in unserem Leben nur erkennen und erfahren, weil Christus in uns ist. Er ist unsere Hoffnung darauf, bessere Dinge zu sehen.

Die Herrlichkeit Gottes ist seine offenbarte Vortrefflichkeit. Als Kinder Gottes haben wir das durch Blut erkaufte Recht, das zu erleben, was Gott für uns geplant hat – das Beste! Satan kämpft wütend gegen den Plan Gottes in unserem Leben und seine Hauptwaffe ist die Täuschung. Wenn wir getäuscht werden, glauben wir etwas, das nicht wahr ist.

Wenn wir uns selbst und unsere eigene Fähigkeit betrachten, fühlen wir uns besiegt, doch daran zu denken, dass Christus in uns lebt, ist unsere Hoffnung auf die Erkenntnis der Herrlichkeit. Sie ermutigt uns, sodass wir uns nach Besserem ausstrecken. Wir schränken uns ein, wenn wir nur auf uns selbst und nicht auf Jesus schauen.

Der Herr hat seine Gemeinde für die Herrlichkeit bestimmt. Er kehrt zu einer verherrlichten Gemeinde zurück (siehe Eph. 5, 27). Gottes Herrlichkeit kann in uns und auf uns offenbart werden, jedoch nur, wenn wir glauben, dass das möglich ist.

Gott sucht jemanden, der glaubt und empfängt.
Er möchte seine Herrlichkeit offenbaren – dir und durch dich!

Wenn du besorgt bist

Es gibt einen

geheimen Ort in Gott,

⚜

einen Ort, an dem

Sorgen verschwinden

und Friede regiert.

GOTTES WORT FÜR DICH

Demütigt euch nun unter die mächtige Hand Gottes, damit er euch erhöhe zur rechten Zeit, indem ihr alle eure Sorge auf ihn werft! Denn er ist besorgt für euch.

1. PETRUS 5, 6–7 (ELBERFELDER)

Der Geist Gottes, des Herrn, ist auf mir,
denn der Herr hat mich gesalbt und befähigt …
den Trauernden in Zion [Trost und Freude zu] gewähren,
ihnen einen Schmuck (einen Kranz oder ein Stirnband)
der Schönheit statt Asche zu geben.

JESAJA 61, 1 UND 3

drei

WENN DU BESORGT BIST

Gott will sich um uns kümmern, doch um ihn ans Werk zu lassen, müssen wir aufhören, uns *selbst* um uns zu kümmern. Viele Menschen wollen, dass Gott für sie Sorge trägt, während sie sich sorgen und versuchen, eine Antwort zu finden, statt auf Gottes Anweisung zu warten. Sie baden richtig in ihrer „Asche", und doch wollen sie, dass Gott ihnen Schönheit schenkt. Doch wenn wir möchten, dass Gott uns Schönheit schenkt, müssen wir ihm unsere „Asche" geben.

Wir geben ihm unsere Sorgen und vertrauen darauf, dass er sich um uns kümmern kann und es auch tun wird. In Hebräer 4, 3 heißt es: „Denn wir, die geglaubt haben (die an Gott festgehalten, auf ihn vertraut und sich auf ihn verlassen haben), gehen ein in den Frieden des Herrn …" Wir treten in die Ruhe des Herrn ein, indem wir glauben. Sich zu sorgen, ist genau das Gegenteil. Wenn wir uns sorgen, raubt uns das unseren Frieden, wir werden körperlich erschöpft und können sogar krank werden. Wenn wir uns Sorgen machen, vertrauen wir nicht auf Gott und treten nicht in Gottes Ruhe ein.

Was für ein großartiger Handel! Du gibst Gott Asche und er schenkt dir Schönheit. Du gibst ihm all deine Sorgen und Anliegen und er gibt dir Schutz, Festigkeit, einen Zufluchtsort und Freude in Fülle – das ist das Privileg derer, für die er sorgt.

Jesus sorgte sich nicht
und auch wir müssen uns nicht sorgen.

GOTTES WORT FÜR DICH

Wer im Schutz (an dem geheimen Ort) des Höchsten wohnt,
bleibt im Schatten des Allmächtigen
[dessen Macht kein Feind widerstehen kann].

PSALM 91, 1

BLEIBE UNTER DEM SCHUTZ

Gott hat einen geheimen Ort, an dem wir in Frieden und Sicherheit wohnen können.

Der geheime Ort ist der Ort der Ruhe in Gott, ein Ort des Friedens und des Trostes in Gott. Dieser geheime Ort ist ein geistlicher Ort, an dem Sorgen verschwinden und Friede regiert. Es ist der Ort, an dem Gott gegenwärtig ist. Wenn wir beten, Gott suchen und in seiner Gegenwart bleiben, dann sind wir an diesem geheimen Ort.

Wenn wir in Christus, *an diesem geheimen Ort bleiben*, kommen wir dort nicht nur gelegentlich vorbei, sondern halten uns dauerhaft dort auf. Dieser geheime Ort ist ein Versteck, ein ganz persönlicher Ort, ein Zufluchtsort. Wir rennen dorthin, wenn wir verletzt, überwältigt oder erschöpft sind. Es ist der Ort, an den wir laufen, wenn wir schlecht behandelt oder verfolgt werden, wenn wir in großer Not sind oder das Gefühl haben, dass wir einfach nicht mehr können.

Wir müssen fest in Gott gegründet sein. Wir müssen in jeder Situation und unter allen Umständen wissen, wo unsere Hilfe herkommt. Wir müssen unseren eigenen geheimen Ort des Friedens und der Sicherheit haben. Wir müssen uns auf Gott verlassen und ihm vollkommen vertrauen.

Gott will, dass wir unter dem schützenden Schatten seiner Flügel Zuflucht suchen. Er will, dass wir zu ihm rennen!

GOTTES WORT FÜR DICH

Deshalb seid nicht besorgt oder ängstlich und sagt nicht:
Was werden wir essen? Oder: Was werden wir trinken?
Oder: Was werden wir anziehen?
Denn die Nationen (Heiden) trachten und suchen eifrig
nach all diesem, sie sehnen sich danach; euer himmlischer Vater
weiß sehr gut, dass ihr dies alles benötigt.

MATTHÄUS 6, 31–32

Habe keine Angst

Das Problem mit dem Sorgen ist, dass wir beginnen, uns zu fragen: „Was werden wir essen? Was werden wir trinken? Was werden wir anziehen?“ In anderen Worten: „Was werden wir tun, wenn Gott nicht für uns sorgt?“

Statt unseren Ängsten die Macht zu nehmen und unsere Sorgen auszuräumen, verstärken wir sie mit unseren Worten; wir bekennen unsere Angst und Sorge.

Das Problem dabei ist, dass so Menschen handeln, die nicht wissen, dass sie einen himmlischen Vater haben. Doch *wir* wissen, dass wir einen himmlischen Vater haben, und sollten auch dementsprechend handeln.

Jesus versichert uns, dass unser himmlischer Vater weiß, was wir benötigen, bevor wir ihn darum bitten. Warum sollten wir uns sorgen? Wir sollten unsere Aufmerksamkeit besser auf das richten, was wichtiger ist – auf die Belange Gottes.

Trachtet aber zuerst nach dem Reich Gottes
und nach seiner Gerechtigkeit.
Und dies alles wird euch hinzugefügt werden.

GOTTES WORT FÜR DICH

*Ihr müsst aber im Glauben bitten,
ohne zu wanken (zu zögern oder zu zweifeln).
Denn wer wankt (zögert, zweifelt),
gleicht einer Meereswoge, die vom Wind bewegt und
hin und her getrieben wird. Wahrlich, jener Mensch denke nicht,
dass er etwas [worum er bittet] von dem Herrn empfangen werde.*

JAKOBUS 1, 6–7

BLEIBE POSITIV

Wenn wir unsere Sorgen im Gebet vor den Herrn bringen und uns dann weiter Sorgen machen, vermischen wir eine positive mit einer negativen Kraft. Gebet ist eine positive Kraft, Sorgen sind eine negative Kraft. Wenn wir sie zusammenfügen, heben sie sich gegenseitig auf und wir landen bei Null. Ich weiß nicht, wie das bei dir ist, aber ich möchte nicht „null Kraft" haben, deshalb versuche ich, Gebet und Sorgen nicht zu mischen.

Gott sprach einmal zu mir und sagte: „Viele Menschen wirken mit null Kraft, weil sie immer Positives und Negatives vermischen. Eine kurze Zeit haben sie einen positiven und dann kurze Zeit einen negativen Glauben. Sie beten eine Weile und dann sorgen sie sich eine Weile. Sie vertrauen eine Zeit lang und sind dann wieder eine Zeit lang unruhig. Also gehen sie immer nur vor und zurück, sie erzielen nie wirklich einen Fortschritt."

Lass uns nicht das Schlechte vergrößern, lass uns das Gute vergrößern! Lass uns das tun, indem wir über das Gute reden, indem wir in unseren Gedanken, unserer Einstellung, unserer Perspektive, unseren Worten und Taten positiv sind.

Warum triffst du nicht die Entscheidung, positiv zu bleiben, indem du Gott vertraust und dich weigerst, dir Sorgen zu machen?

Übe, in jeder Situation, die sich ergibt, positiv zu sein.
Auch wenn das, was im Moment geschieht, nicht gut ist,
erwarte, dass Gott Gutes daraus hervorbringt.

GOTTES WORT FÜR DICH

So sollen sagen die Erlösten des Herrn,
die er aus der Hand des Bedrängers erlöst hat.

PSALM 107, 2 (ELBERFELDER)

Denn [dann] wird er dich von der Schlinge des Vogelstellers
und von der tödlichen Pest erretten.
Dann wird er dich mit seinen Schwingen bedecken,
und unter seinen Flügeln wirst du Vertrauen und Zuflucht finden.
Schild und Schutzwehr sind seine Wahrheit und seine Treue.

PSALM 91, 3–4

Wenn du errettet bist, rede auch so!

Wenn du erkennst, dass Satan versucht, dich abzulenken, sitz nicht nur herum und lass dich von ihm mit Sorgen und negativen Gedanken schlagen. Öffne deinen Mund und beginne, deine Autorität in Christus zu bekennen. Manchmal, wenn ich mich darauf vorbereite, in einer Gemeinde oder auf einem Seminar zu sprechen, beginnen mich negative Gedanken zu bombardieren. In solchen Zeiten ermutige ich mich selbst und sage laut: „Es wird alles gut gehen."

Satan gibt uns ängstliche und beunruhigende Gedanken ein. Manchmal wird unser Sinn regelrecht von ihnen „bombardiert". Er hofft, dass wir sie annehmen und sie mit unserem Mund aussprechen. Wenn wir das tun, hat er die Handhabe, genau die Umstände in unserem Leben zu schaffen, über die er uns ängstliche Gedanken gegeben hat. Als ich diese furchtsamen Gedanken und düsteren Vorahnungen erst einmal erkannt und Autorität über sie genommen hatte, schenkte mir Gott Erlösung, sodass ich beginnen konnte, mich an meinem Leben zu freuen.

Sei nicht das Sprachrohr des Teufels.

Finde heraus, was dir Gottes Wort verheißt, und beginne, sein zweischneidiges Schwert einzusetzen (vgl. Hebr. 4, 12).

Wenn wir das Wort im Glauben mit unserem Mund aussprechen, schwingen wir ein mächtiges, zweischneidiges Schwert, das den Feind zerstört.

GOTTES WORT FÜR DICH

*Geliebte, [hier und] jetzt sind wir Kinder Gottes,
und es ist noch nicht offenbar (klar ersichtlich) geworden,
was wir [in Zukunft] sein werden; doch wir wissen, dass wir,
wenn er kommt und offenbar werden wird,
ihm [als Kinder Gottes] ähneln und gleich sein werden,
denn wir werden ihn sehen, wie er [wirklich] ist.*

1. JOHANNES 3, 2

LEBE JETZT

Die Entscheidungen, die wir heute treffen, bestimmen, ob wir den Augenblick genießen oder ob wir ihn verschwenden, indem wir uns Sorgen machen. Manchmal verpassen wir den Augenblick, weil wir zu sehr mit der Zukunft beschäftigt sind. Wir müssen unseren Sinn auf das konzentrieren, was Gott jetzt von uns möchte.

Gott gab mir einmal eine Definition für Sorge: „Die Ursache der Sorge ist der Versuch, sich geistig oder emotional in Dinge hineinzuversetzen, die noch nicht geschehen sind (die in der Zukunft liegen), oder in Dinge, die bereits geschehen sind (die in der Vergangenheit liegen)." Wir müssen verstehen, dass Gott möchte, dass wir lernen, Menschen zu sein, die *jetzt* leben. In 2. Korinther 6, 2 heißt es beispielsweise: „Siehe, jetzt ist der Tag des Heils", und Hebräer 4, 7 sagt: „Heute, wenn ihr seine Stimme hört, verhärtet eure Herzen nicht."

Wir müssen lernen, *jetzt* zu leben. Oft verbringen wir unsere Zeit geistig in der Vergangenheit oder in der Zukunft. Wenn wir uns nicht wirklich dem hingeben, was wir im Moment tun, neigen wir zu Sorgen. Wenn wir jetzt leben, finden wir den Herrn bei uns. Ungeachtet der Situationen, die uns das Leben bringt, hat er versprochen, uns nie aufzugeben, uns nie zu verlassen, sondern alle Tage bei uns zu sein und uns zu helfen (siehe Hebr. 13, 5; Mt. 28, 20).

⚜

Verschwende das kostbare Leben, das du jetzt hast, nicht damit, dich um gestern oder morgen zu sorgen.

GOTTES WORT FÜR DICH

Seid aber Täter des Wortes [befolgt die Botschaft] und nicht bloß Hörer, die sich selbst betrügen [und sich selbst täuschen, indem sie entgegen der Wahrheit denken].

JAKOBUS 1, 22

Mache dir nicht zu viele Gedanken

Versuchst du, immer alles zu verstehen? Viele haben diesen Fehler gemacht. Statt unsere Sorgen auf den Herrn zu werfen, gehen wir durchs Leben und tragen alles alleine.

Wenn wir versuchen, alles zu verstehen, erheben wir unsere Gedanken über die Gedanken Gottes. Wir setzen unsere Wege über seine Wege. Als Gott mir offenbarte, dass ich aufhören musste, mir so viele Gedanken zu machen, die der Wahrheit widersprachen, war das für mich wirklich eine Herausforderung. Ich ertrug es nicht, nicht alles zu verstehen. Vor einigen Jahren beispielsweise wies Gott uns an, in unserem Dienst einige Dinge zu tun, und ich hatte nicht die leiseste Ahnung, wie ich sie anpacken sollte. Doch Gott hat mich nicht dazu berufen, genau zu verstehen, wie ich all das, was er mir aufträgt, bewerkstelligen soll. Er hat mich dazu berufen, *ihn* zu suchen und nicht die Antwort auf meine Probleme, und ihm dann zu gehorchen.

Wenn wir uns sorgen, verlieren wir unseren Frieden, und wenn wir versuchen, alles zu verstehen, werden wir verwirrt. Verwirrung kommt, wenn wir uns in einer Situation unserem Verstand zuwenden, in der wir von ganzem Herzen darauf vertrauen sollten, dass der Herr gemäß seinem Plan den Weg für uns bereitet. Wenn wir uns darauf verlassen, dass seine Gedanken höher sind als unsere, beenden wir die Verwirrung, noch bevor sie beginnt.

Gottes Friede ist immer da,
wir müssen uns allerdings für ihn entscheiden.

GOTTES WORT FÜR DICH

Vertraut also dem Herrn (vertraut euch ihm an, stützt euch auf ihn, seid voller Zuversicht und hofft auf ihn) allezeit! Denn der Herr, unser Gott, ist ein ewiger Fels [ein Fels in jedem Zeitalter].

JESAJA 26, 4

Mein Gott, auf dich vertraue ich, auf dich stütze und verlasse ich mich, du bist meine Zuversicht.

PSALM 25, 2

ENTWICKLE VERTRAUEN

Wie oft wurdest du schon frustriert und hast dich völlig unnötig über schwierige Situationen, in die du geraten bist, aufgeregt? Wie viele Jahre hast du damit verbracht, zu sagen: „Ich glaube Gott und vertraue ihm", wenn du dich in Wirklichkeit nur gesorgt hast, negativ geredet hast und versucht hast, alles alleine herauszufinden? Du dachtest vielleicht, du vertrauest Gott, weil du gesagt hattest: „Ich vertraue Gott", doch in deinem Inneren warst du besorgt und hattest Angst. Du hast zwar versucht, zu lernen, Gott zu vertrauen, doch du hast es nicht geschafft.

Vertrauen und Zuversicht bauen sich über eine bestimmte Zeit auf. Normalerweise braucht es etwas Zeit, Unruhe, Sorgen oder Furcht zu überwinden, die zur Gewohnheit geworden sind. Deshalb ist es so wichtig, mit Gott „am Ball zu bleiben". Hör nicht einfach auf und geh, denn in jeder Runde, die du durchläufst, gewinnst du an Erfahrung und geistlicher Kraft. Jedes Mal wirst du ein wenig stärker. Wenn du nicht aufgibst, wirst du früher oder später mehr sein, als der Teufel bewältigen kann.

Wenn du gerade geprüft wirst, nutze die Zeit,
um dein Vertrauen in Gott aufzubauen.
Vertraue ihm, dass er dich erlöst
oder erfolgreich hindurchträgt.

GOTTES WORT FÜR DICH

Seid ausgewogen …

1. PETRUS 5, 8

Du wirst über den wachen und ihn in vollkommenem und gleichbleibenden Frieden bewahren, der seinen Sinn [sowohl seine Neigung als auch seinen Charakter] auf dich richtet, weil er sich dir hingibt, sich auf dich stützt und seine Hoffnung vertrauensvoll auf dich setzt.

JESAJA 26, 3

SEI AUSGEWOGEN

In schwierigen Situationen hindern uns manchmal unsere Sorgen daran, das zu tun, was wir tun sollten. Wir können nur unser Bestes geben, den Rest müssen wir Gott anvertrauen.

Wir „funktionieren“ am besten, wenn wir einen ruhigen, ausgewogenen Sinn haben. Wenn unser Sinn ruhig ist, ist er frei von Furcht, Sorgen oder Qualen. Wenn unser Sinn ausgewogen ist, sind wir in der Lage, die Situation zu überschauen und zu entscheiden, was wir tun und was wir lassen. Die meisten von uns geraten in Schwierigkeiten, wenn wir aus dem Gleichgewicht geraten. Entweder verfallen wir in einen Zustand der völligen Passivität, tun nichts und erwarten, dass Gott alles für uns regelt, oder wir werden hyperaktiv und wirken die meiste Zeit im Fleisch. Gott möchte, dass wir ausgewogen sind, damit wir uns jeder Lebenssituation stellen und in ihr sagen können: „Bestimmte Dinge kann ich in dieser Situation tun, aber nicht mehr.“

Statt vor Furcht und Sorge völlig aufgelöst zu sein, müssen wir vor Gott treten und sagen: „Herr, ich glaube, dass du mir in dieser Situation hilfst. Gibt es etwas, das ich tun soll?“

Was auch immer Gott uns in Bezug auf unsere Probleme zeigt, wir müssen es gewissenhaft umsetzen. Das Ergebnis vertrauen wir ihm an.

Wenn wir getan haben, was wir tun können, dürfen wir den Rest Gott anvertrauen. Das nenne ich Glauben und Ausgewogenheit.

Wenn du unsicher bist

Gott sucht Menschen

die ihm gegenüber die richtige
Herzenshaltung haben,
und nicht Menschen,
die alles richtig machen.

GOTTES WORT FÜR DICH

Mögt ihr tief in Liebe gewurzelt und sicher auf Liebe gegründet sein, damit ihr Kraft habt und stark seid und mit allen Heiligen [mit Gottes hingegebenem Volk die Erfahrung dieser Liebe] völlig ergreifen könnt, was die [ihre] Breite und Länge und Höhe und Tiefe ist, und die Liebe Christi [wirklich] erkennt [praktisch, durch eure eigenen Erfahrungen].

Sie übersteigt bei Weitem reines Wissen [ohne Erfahrung]. Mögt ihr [in eurem ganzen Wesen] erfüllt werden zur ganzen Fülle Gottes [sodass ihr das volle Maß der Gegenwart Gottes erlebt und zu einem Leib werdet, der von Gott erfüllt und durchflutet ist]!

EPHESER 3, 17–19

vier

WENN DU UNSICHER BIST

Viele Menschen sind in Bezug auf sich selbst zutiefst unsicher, da sie sich nicht so annehmen können, wie sie sind. Bist du es leid, anderen etwas vorzuspielen, Masken zu tragen, zu versuchen, jemand anders zu sein? Hättest du nicht gerne die Freiheit, so akzeptiert zu werden, wie du bist, ohne den Druck, einem dir unbekannten Standard gerecht zu werden?

Gott möchte, dass wir lernen, dass unser Wert nicht in dem liegt, was wir tun, sondern in dem, wer wir in ihm sind. Wir sollen bereit sein, einfach zu sein, wer wir sind, mit all unseren Schwächen, da er uns bedingungslos annimmt. Der Plan des Teufels besteht darin, uns so zu täuschen, dass wir unseren Wert anhand unserer Leistung messen und uns dann auf all unsere Fehler und Unzulänglichkeiten konzentrieren. Satan will, dass wir eine geringe Meinung von uns haben, damit wir ineffektiv für Gott leben, unglücklich sind und Gottes Segen nicht empfangen, weil wir glauben, ihn nicht zu verdienen.

Es ist sehr wichtig, Selbstachtung und einen gesunden Selbstwert zu haben, sich dessen sicher zu sein, wer man in Christus ist, und sich selbst wirklich zu mögen. Wir lernen, uns selbst zu mögen, indem wir erkennen, wie sehr Gott uns liebt. Wenn wir in Gottes Liebe gewurzelt und gegründet werden, können wir mit uns selbst Frieden schließen und aufhören, uns unsicher zu fühlen.

Wir sind alle unvollkommen
und Gott liebt uns genau so, wie wir sind.

GOTTES WORT FÜR DICH

… dass die Gemeinschaft deines Glaubens wirksam werde in der Erkenntnis alles Guten, das in uns im Hinblick auf Christus ist.

PHILEMON 6 (ELBERFELDER)

Denn durch deine Worte wirst du gerechtfertigt und freigesprochen werden, und durch deine Worte wirst du verdammt und verurteilt werden.

MATTHÄUS 12, 37

LÖSCHE DAS NEGATIVE AUS

Wenn wir schlecht über uns selbst sprechen, werden wir uns verdammt fühlen. Lass uns das anwenden, was Jesus uns über unsere Worte gelehrt hat, als den ersten Schlüssel, um Unsicherheit zu überwinden, lass uns *nie negativ über uns selbst sprechen.* Wir müssen Worte sprechen, die uns Kraft schenken, nicht Worte, die uns schwächen. Wenn wir uns besser annehmen möchten und unsere eigene Meinung von uns selbst verbessern wollen, müssen wir uns entscheiden, keine negativen Aussagen über uns mehr auszusprechen.

Der Teufel will, dass wir jeden schlechten Charakterzug, den wir an uns sehen, anerkennen, denn er möchte nicht, dass unser Glaube wirksam wird. Als Verkläger der Brüder (vgl. Offb. 12, 9–10) versucht er unablässig, unseren Blick von dem, was wir in Christus sind, wieder zurück auf unsere Unzulänglichkeiten zu lenken. Wir müssen verstehen, wer wir in Christus sind, und sehen, wie viel er für uns getan hat, als er sein Blut für uns vergossen hat, um uns würdig zu machen. Die Gemeinschaft unseres Glaubens wird wirksam, indem wir alles *Gute* in uns *in Christus Jesus* anerkennen, und nicht, indem wir alles *Falsche in uns* anerkennen. In Apostelgeschichte 10, 15 heißt es: „Was Gott gereinigt und für rein erklärt hat, das beflecke und entweihe nicht, indem du es als gemein, nicht heilig oder unrein erachtest oder es so nennst."

Jesus wurde für uns vollkommen gemacht. Gott nimmt uns nicht aufgrund unserer Leistung an, sondern weil wir an die Leistung Jesu glauben und uns auf sie verlassen.

GOTTES WORT FÜR DICH

*[Gerechtigkeit, vor Gott angenehm zu sein]
wird auch uns gewährt und zugerechnet,
die wir an Gott glauben (Gott vertrauen, an Gott festhalten,
uns auf Gott verlassen), der Jesus, unseren Herrn,
aus den Toten auferweckt hat.*

RÖMER 4, 24

*Um unseretwillen machte er Christus [wirklich] zur Sünde,
den, der keine Sünde kannte, damit wir in ihm und durch ihn
[mit der Gerechtigkeit Gottes versehen, als gerecht angesehen,
ein Beispiel für] die Gerechtigkeit Gottes werden würden
[das würden, was wir sein sollten, bewährt und angenehm vor ihm,
in einer gesunden Beziehung zu ihm, all das durch seine Güte].*

2. KORINTHER 5, 21

GERECHTIGKEIT IST GOTTES GESCHENK

Eine der ersten Offenbarungen, die Gott mir aus dem Wort gab, bezog sich auf Gerechtigkeit. Mit „Offenbarung“ meine ich, dass du etwas eines Tages bis zu dem Punkt verstehst, dass es zu einem Teil von dir wird. Es geht hierbei um mehr als Kopfwissen – du musst deinen Sinn in diesem Bereich nicht mehr bewusst auf die Wahrheit richten, denn du fragst dich nicht mehr, du hoffst auch nicht nur – du *weißt* es.

Gerechtigkeit ist Gottes Geschenk an uns. Sie wird uns zugerechnet, uns gewährt, und das durch unseren Glauben an das, was Gott durch seinen Sohn Jesus Christus für uns getan hat. Jesus, der keine Sünde kannte, wurde zur Sünde, damit wir zur Gerechtigkeit Gottes in Jesus würden.

Mehr als alles andere will der Teufel verhindern, dass wir mit dem Bewusstsein leben, dass wir vor Gott gerecht sind. Er will, dass wir unsicher sind und uns beständig fragen, was bei uns nicht in Ordnung ist.

Jesus möchte, dass wir wissen, dass wir aufgrund dessen, was er für uns getan hat, vor Gott gerecht sind. Er will, dass wir in seinem Reich leben und inmitten all unserer Sorgen Frieden und Freude erleben.

Wenn wir unsere Augen auf das wahre Reich Gottes gerichtet halten – auf den Herrn, seine Gerechtigkeit, seinen Frieden und seine Freude –, wird uns der Rest reichlich hinzugefügt werden.

GOTTES WORT FÜR DICH

Denn wir alle straucheln oft, fallen und sündigen auf vielen Gebieten. Und wenn jemand im Wort nicht sündigt [nie das Falsche sagt], so ist sein Charakter voll ausgebildet und er ist vollkommen und auch fähig, seinen ganzen Leib und sein ganzes Wesen im Griff zu haben.

JAKOBUS 3, 2

Tod und Leben stehen in der Macht der Zunge, und die, die sie lieben, werden ihre Frucht [zum Tod oder Leben] essen.

SPRÜCHE 18, 21

FEIERE DAS POSITIVE

Hier ein Schlüssel, um Unsicherheit zu überwinden: *Denke über das Positive an dir nach und rede davon.*

Was wir von uns denken und wie wir von uns reden, ist sehr wichtig. Um das negative Denken und Reden, das lange zu unserem Leben gehörte, zu überwinden, müssen wir uns bewusst anstrengen und Gutes von uns denken und sagen, wir müssen Positives bekennen.

Wir müssen unseren Mund mit dem in Einklang bringen, was das Wort Gottes über uns sagt. Das Wort Gottes zu bekennen und somit Positives zu bekennen, sollte die Gewohnheit eines jeden Christen sein. Wenn du diese wichtige Gewohnheit noch nicht entwickelt hast, fange heute damit an. Beginne, gute Dinge über dich selbst zu denken und dementsprechend zu reden: „Ich bin die Gerechtigkeit Gottes in Jesus Christus. Ich bin in allem, das ich beginne, erfolgreich. Ich habe Gaben und Talente und Gott gebraucht mich. Ich wirke in der Frucht des Geistes. Ich wandle in Liebe. Freude durchströmt mich."

Die Bibel lehrt uns, dass wir uns den Segen Gottes in unserem Leben zu eigen machen können, indem wir die positiven Dinge, die Gott in seinem Wort über uns sagt, glauben und bekennen.

Wenn du beständig und entschlossen über dich bekennst, was das Wort Gottes über dich sagt, wird das positive Auswirkungen haben.

GOTTES WORT FÜR DICH

Dies aber sagte er, um anzudeuten, mit welchem Tod Petrus Gott verherrlichen würde. Und als er dies gesagt hatte, spricht er zu ihm: Folge mir nach!
Doch Petrus wandte sich um und sieht den Jünger nachfolgen, den Jesus liebte – der sich auch bei dem Abendessen an seine Brust gelehnt und gesagt hatte: Herr, wer ist es, der dich verraten wird? Als nun Petrus diesen sah, spricht er zu Jesus: Herr, was wird mit diesem geschehen?

JOHANNES 21, 19–21

VERGLEICHE DICH NICHT

Der nächste bedeutende Schlüssel, um Unsicherheit zu überwinden, ist einfach: *Vergleiche dich nie mit jemand anders, denn das ist eine Einladung für Verdammnis.*

Ich möchte dich wirklich ermutigen, dich nicht mehr mit anderen Menschen zu vergleichen, sei es dein Aussehen, deine Position oder wie lange du betest. Vergleiche durchkreuzen nur das Wirken Gottes in deinem Leben.

Wir dürfen auch unsere Prüfungen und unsere Sorgen nicht mit denen anderer Menschen vergleichen. Manche Situationen mögen dir hart erscheinen. Doch du kannst nicht auf jemand anders blicken und sagen: „Warum passiert mir all das und bei dir läuft alles bestens?" Jesus offenbarte Petrus einige der Leiden, die er durchmachen würde. Sofort wollte Petrus sein Leiden und sein Los im Leben mit dem eines anderen vergleichen und fragte: „Was soll aber dieser?"

„Jesus spricht zu ihm: Wenn ich will, dass er bleibe (überlebe, lebe), bis ich komme, was geht es dich an? [Was hat das mit dir zu tun?] Folge du mir nach!" (Joh. 21, 22).

Diese Antwort gilt auch uns. Wir sind nicht dazu berufen, uns zu vergleichen, sondern dazu, uns nach Gottes Willen für uns zu richten.

Gott will, dass du weißt, dass du einzigartig bist und dass er einen auf dich zugeschnittenen Plan für dein Leben hat.

GOTTES WORT FÜR DICH

Da wir verschiedene Gaben
(Fähigkeiten, Talente, Begabungen) haben,
gemäß der Gnade, die uns gegeben ist,
lasst sie uns gebrauchen …

RÖMER 12, 6

Für alles habe ich Kraft in Christus, der mich stärkt
[ich bin für alles bereit und zu allem fähig durch ihn,
der mir innere Kraft gibt; ich bin nur von Christus
abhängig und kann durch ihn alles].

PHILIPPER 4, 13

Konzentriere dich auf dein Potenzial, nicht auf Grenzen

Wenn du sein möchtest, wer du bist, wenn du Zuversicht aufbauen und Unsicherheit überwinden möchtest, musst du dich auf dein *Potenzial* und *nicht auf deine Grenzen* konzentrieren. In anderen Worten, konzentriere dich auf deine Stärken statt auf deine Schwächen. Wir können nicht *alles* tun, was wir tun wollen. Wir können nicht all das tun, was beliebige Menschen tun. Doch wir können alles tun, *wozu Gott uns berufen hat*. Und wir können alles sein, *von dem Gott sagt, dass wir es sein können*.

Jeder von uns ist voller Gaben, Talente, Potenzial und Fähigkeiten. Wenn wir wirklich anfangen, mit Gott zusammenzuarbeiten, können wir das Beste bekommen, das, was Gott für uns hat. Doch wenn wir hochtrabende Ideen bekommen und uns Ziele stecken, die jenseits unserer Fähigkeiten und der Gnade Gottes auf unserem Leben liegen, werden wir frustriert. Wir werden diese Ziele nicht erreichen und geben am Ende vielleicht sogar Gott die Schuld für unser Versagen. Gaben und Talente werden vom Heiligen Geist gemäß der Gnade verteilt, die auf jedem einzelnen Menschen liegt, um mit den Gaben umgehen zu können. Wenn du dich annehmen möchtest, wenn du erfolgreich sein willst, musst du dich auf dein Potenzial konzentrieren – auf das, für was Gott dich erschaffen hat –, nicht auf deine Grenzen.

Wenn Gott dich dazu berufen hat, etwas zu tun, wirst du es lieben – trotz aller Widrigkeiten, die dich bedrängen mögen.

GOTTES WORT FÜR DICH

Denn versuche ich, die Gunst der Menschen zu gewinnen oder die Gunst Gottes? Oder suche ich, Menschen zu gefallen? Wenn ich noch immer beliebt sein wollte, so wäre ich Christi (des Messias) Sklave nicht.

GALATER 1, 10

… nicht mit Augendienerei, als Menschengefällige, sondern als Sklaven Christi, indem ihr den Willen Gottes von Herzen tut!

EPHESER 6, 6 (ELBERFELDER)

HAB DEN MUT, ANDERS ZU SEIN

Wenn du deine Unsicherheit überwinden und der Mensch werden möchtest, der du in Christus sein sollst, *musst du den Mut haben, anders zu sein.* Um erfolgreich und wirklich du selbst zu sein, wirst du es wagen müssen, nicht wie alle anderen zu sein. Menschengefällig zu werden, fällt uns leicht, sehr leicht sogar, doch es wird uns letztendlich sehr unglücklich machen. Wenn wir anfangen, anderen Menschen zu gefallen, hören wir Worte, die uns heruntergehen wie Öl. Das ist in Ordnung, solange wir nicht unser Wertgefühl darauf aufbauen. Als Christ muss unser Wertgefühl in der Liebe Gottes gewurzelt und gegründet sein.

Wir sind etwas wert, weil Gott seinen einzigen Sohn für uns gesandt hat, um für uns zu sterben. Wir sind etwas wert, weil Gott uns liebt, und nicht aufgrund dessen, was andere Menschen über uns denken oder sagen.

Als Nachfolger Christi müssen wir vom Heiligen Geist geführt werden und dürfen nicht von Menschen kontrolliert werden. Wir dürfen nicht einfach tun, was die anderen wollen, nur weil wir denken, das würde uns Akzeptanz und Anerkennung einbringen. Wir sollten auch nicht versuchen, andere zu kontrollieren, sondern ihnen den Freiraum gewähren, wie wir vom Heiligen Geist geleitet zu werden.

Schränke Gott nicht ein.
Er hat viele Wege, dich zu leiten, wenn du ihm erlaubst,
dein Herr zu sein, während du zum Jünger wirst.

GOTTES WORT FÜR DICH

Was aber euch angeht, so bleibt die Salbung (zur heiligen Absonderung), die ihr von ihm empfangen habt, [fortwährend] in euch, und ihr habt [deshalb] nicht nötig, dass euch jemand belehre. Genauso aber, wie seine Salbung euch über alles belehrt und es wahr und keine Lüge ist, genauso müsst ihr in ihm bleiben (in ihm leben, euch nie von ihm entfernen) [in ihm verwurzelt, eng mit ihm verbunden sein], wie ihr gelehrt wurdet [euch seine Salbung gelehrt hat].

1. Johannes 2, 27

LERNE, MIT KRITIK FERTIG ZU WERDEN

Wenn du deine Unsicherheit überwinden willst, musst du lernen, *mit Kritik umzugehen.* Bist du jemand, der sich selbst bestätigt, oder brauchst du Bestätigung von außen? Wenn du jemanden brauchst, der dir sagt, dass du in Ordnung bist, benötigst du Bestätigung von außen. Selbstbestätigung heißt, dass du handelst, wie der Heilige Geist dich anleitet.

Wenn wir etwas von Gott hören, besprechen wir das oft zu sehr mit anderen Menschen. Mit dem Heiligen Geist in uns brauchen wir nicht andere zurate ziehen. Der Verfasser der Sprüche sagt jedoch auch: „… doch kommt Rettung durch viele Ratgeber“ (Spr. 11, 14; *Elberfelder*). Die Lösung lautet, dem Heiligen Geist zu gehorchen, ohne den Rat anderer, die weiser sind als wir, abzulehnen. Wir müssen lernen, so sicher zu sein, dass wir mit Kritik umgehen können, ohne das Gefühl zu haben, bei uns stimme etwas nicht. Wir dürfen uns nicht gefangen nehmen lassen, sodass wir meinen, wir müssten uns nach der Meinung anderer Menschen richten. Habe Vertrauen auf das, was du in Christus bist, sodass du anderen zuhören kannst und dabei offen bist, deine Meinung zu ändern, dich jedoch nicht dazu gezwungen fühlst, ihre Sichtweise anzunehmen oder ihre Zustimmung zu suchen, wenn ihr Standpunkt nicht zu passen scheint.

Du magst Fehler haben und es mag Dinge an dir geben, die verändert werden müssen, doch Gott arbeitet genauso an dir wie an jedem anderen Menschen.

GOTTES WORT FÜR DICH

Denn wir [Christen], die Gott im Geist und durch den Geist Gottes anbeten und in Jesus Christus frohlocken und uns freuen und rühmen, sind die wahre Beschneidung. Und wir setzen unsere Zuversicht nicht auf das Fleisch und machen uns nicht davon [von dem, was wir sind] abhängig und sehen auch nicht auf das Äußerliche oder äußerliche oder körperliche Vorteile.

PHILIPPER 3, 3

ENTDECKE DIE WAHRE QUELLE DER ZUVERSICHT

Der wichtigste Schlüssel dafür, sicherer zu werden, besteht darin, *die wahre Quelle der Zuversicht zu entdecken.* Auf was verlässt du dich? Diese Frage muss geklärt sein, bevor du Gottes Zuversicht haben kannst. Bevor deine Zuversicht in ihm gegründet sein kann, musst du aufhören, deine Zuversicht auf etwas anderes zu gründen.

Befasst Gott sich momentan mit der Grundlage deiner Zuversicht? Ist sie auf deine Ehe gegründet? Einen Hochschulabschluss? Deine Arbeitsstelle? Deinen Ehepartner? Deine Kinder? Wir sollten unsere Zuversicht nicht auf unsere Ausbildung, unser Aussehen, unsere Position, unsere Gaben, unsere Talente oder die Meinung anderer Leute gründen. Unser himmlischer Vater sagt uns: „Jetzt ist es genug; es ist an der Zeit, all diese fleischlichen Dinge, an denen du so lange festgehalten hast, loszulassen. Es ist Zeit, dein Vertrauen auf mich und mich allein zu setzen!" Du musst so weit kommen, dass deine Zuversicht nicht mehr auf das Fleisch, sondern auf Jesus Christus gegründet ist. Lerne, ihm zu vertrauen: „Befiehl dem Herrn deinen Weg [wälze und lege all deine Last auf ihn, sodass er sich darum kümmert] und vertraue auf ihn (stütze und verlasse dich auf ihn und sei zuversichtlich), und er wird es zustande bringen" (Ps. 37, 5).

Erlaube dem Herrn, das falsche Gefühl der Zuversicht, des Wertes, der Sicherheit und des Wohlergehens, das du von weltlichen Dingen erhältst, von dir abzuschütteln.

Wenn du deprimiert bist

Um so *zu leben,*

wie Gott es für uns vorgesehen hat,

müssen wir als Erstes wirklich glauben,

dass es Gottes Wille

für uns ist, dass wir

anhaltende Freude

genießen.

GOTTES WORT FÜR DICH

Geduldig und voller Erwartung habe ich auf den Herrn geharrt und er hat sich zu mir geneigt und mein Schreien gehört. Er hat mich herausgezogen aus der schrecklichen Grube [einer Grube der Aufruhr und der Zerstörung], aus dem schlammigen Lehm (Schaum und Schleim), und er hat meine Füße auf einen Felsen gestellt, meine Schritte gefestigt und meine Wege fest gegründet. In meinen Mund hat er ein neues Lied gelegt, einen Lobgesang zu unserem Gott. Viele werden es sehen und sich fürchten (Gott verehren und anbeten) und auf den Herrn vertrauen und sich voller Zuversicht auf ihn verlassen [Ps. 5, 12].

PSALM 40, 2–4

⚜

Freut euch an dem Herrn und frohlockt, ihr [kompromisslos] Gerechten [ihr, die ihr aufrichtig seid und gerecht seid vor ihm]; jubelt vor Freude, all ihr im Herzen Aufrichtigen!

PSALM 32, 11

fünf

WENN DU DEPRIMIERT BIST

Leute aus den verschiedensten gesellschaftlichen Schichten leiden unter Depressionen. Es gibt viele Ursachen für Depressionen und viele Methoden, sie zu behandeln. Viele sind wirksam, viele sind es nicht. Manche helfen vorübergehend, können die Qual der Depression jedoch nicht dauerhaft entfernen. Die gute Nachricht ist, dass Jesus Depressionen heilen und uns davon befreien kann.

Gott hat uns seine Freude gegeben, um Depressionen zu bekämpfen. Wenn du an Jesus Christus glaubst, ist die Freude des Herrn in dir. Viele Christen wissen das, doch sie haben nicht die geringste Ahnung, wie sie in diese Freude eintreten, wie sie sie freisetzen können. Wir müssen erfahren, was uns gehört, weil wir an Jesus Christus glauben. *Gott möchte, dass wir Freude erfahren!* Vor langer Zeit hatte ich selbst Probleme mit Depressionen. Doch, Gott sei Dank, lernte ich, dass ich dem negativen Gefühl, dieser Depression, nicht erlauben musste, mich zu beherrschen. Ich lernte, die Freude des Herrn in meinem Leben freizusetzen! Ganz gleich, was du in deinem Leben schon durchgemacht hast oder was du jetzt gerade durchmachst – wenn du an Jesus Christus glaubst, hast du seine Freude in dir, und du kannst lernen, wie du sie freisetzt, um die Depression zu besiegen!

Wir können trotz unserer momentanen Situation lachen und das Leben genießen, weil Jesus unsere Freude ist.

GOTTES WORT FÜR DICH

Aber eines tue ich – danach verlangt es mich:
Ich vergesse, was hinten ist, und
strecke mich aus nach dem, was vorne ist.

PHILIPPER 3, 13

WERDE MIT ENTTÄUSCHUNG FERTIG

Wir alle müssen uns zu verschiedenen Zeiten Enttäuschungen stellen und mit ihnen fertig werden. Bei niemandem läuft im Leben alles so, wie er es will. Wenn die Dinge nicht so gedeihen, wenn sie nicht so erfolgreich sind, wie wir es geplant haben, sind wir erst einmal enttäuscht. Das ist normal. Es ist nichts Falsches daran, enttäuscht zu sein. Doch wir müssen wissen, wie wir mit diesem Gefühl umzugehen haben, sonst wird es in etwas Ernsteres übergehen.

In der Welt können wir nicht leben, ohne Enttäuschung zu erfahren, doch in Jesus können wir immer wiederhergestellt werden! Der Apostel Paulus hält fest, dass eine wichtige Lektion, die er im Leben gelernt hatte, darin bestand, zu vergessen, was hinten war, und sich nach dem auszustrecken, was vorne war.

Genau das müssen wir tun, wenn wir enttäuscht werden, um dann sofort wiederhergestellt zu werden. Wir lassen die Ursachen unserer Enttäuschung hinter uns und strecken uns nach dem aus, was Gott für uns hat. Wir bekommen eine neue Vision, einen neuen Plan, neue Ideen, einen neuen Ausblick und eine neue Denkweise und richten unseren Fokus neu darauf aus. *Wir entscheiden uns dafür, weiterzumachen!*

Jeder Tag ist ein Neuanfang.
Wir können die Enttäuschung von gestern loslassen und Gott eine Chance geben, heute etwas Wunderbares für uns zu tun.

GOTTES WORT FÜR DICH

*Um Mitternacht aber, als Paulus und Silas beteten
und Gott Loblieder sangen … Plötzlich kam ein großes Erdbeben,
sodass die Grundfesten des Gefängnisses erschüttert wurden;
und es öffneten sich alle Türen und jedermanns Fesseln lösten sich.*

APOSTELGESCHICHTE 16, 25–26

*Freut euch allezeit im Herrn
[jubelt, erfreut euch an ihm];
und noch einmal sage ich: Freut euch!*

PHILIPPER 4,14

DIE KRAFT DER FREUDE

In der ganzen Bibel weist Gott sein Volk an, voller Freude und Jubel zu sein. Inspiriert vom Heiligen Geist wies Paulus die Philipper zweimal an, sich zu freuen. Wenn der Herr uns zweimal sagt, dass wir etwas tun sollen, müssen wir sorgfältig auf das achten, was er sagt.

Oft sehen und hören Menschen das Wort „Freude“ und sagen sich: „Das hört sich nett an, aber wie mache ich das?“ Sie würden sich gerne freuen, doch sie wissen nicht, wie!

Paulus und Silas waren geschlagen und ins Gefängnis geworfen worden, ihre Füße wurden im Block befestigt, und doch freuten sie sich und lobten Gott. Sie entschieden sich dafür, sich zu freuen, trotz ihrer Umstände.

Dieselbe Kraft, die die Türen öffnete und die Fesseln von Paulus und Silas und ihren Mitgefangenen zerbrach, steht heute denen zur Verfügung, die in Depressionen gefangen sind.

Freude kann von stillem Vergnügen bis zu äußerster Heiterkeit alles sein. Freude wirkt sich positiv auf unsere Haltung, unsere Gesundheit und unsere Lebensqualität aus. Sie bekräftigt unser Zeugnis gegenüber anderen und macht einige der weniger wünschenswerten Umstände unseres Lebens erträglicher.

GOTTES WORT FÜR DICH

… denn die Freude am Herrn, sie ist eure Kraft und euer Schutz.

NEHEMIA 8, 10

Doch das alles bewegt mich nicht, noch erachte ich mein Leben für wertvoll, wenn ich nur meinen Lauf mit Freude vollende und den Dienst, den ich von dem Herrn Jesus erhalten habe [der mir von ihm anvertraut wurde], treu die Gute Nachricht (das Evangelium) der Gnade Gottes (seiner unverdienten Gunst, seines geistlichen Segens und seiner Barmherzigkeit) zu bezeugen.

APOSTELGESCHICHTE 20, 24

FANG AN, ZU PUMPEN

Wenn wir uns nicht freuen, müssen wir etwas unternehmen, um die Freude freizusetzen, bevor wir in Depressionen abrutschen. Manchmal müssen wir anfangen, uns zu freuen, ob uns nun danach ist oder nicht. Das ist, wie wenn man eine Pumpe zum Laufen bringt, indem man den Hebel wiederholt auf- und abbewegt, bis die Pumpe das Wasser angesaugt hat und es zu fließen beginnt. Ich erinnere mich daran, dass meine Großeltern eine uralte Wasserpumpe hatten. Ich weiß noch, wie ich als kleines Kind am Becken stand, den Pumpenhebel auf- und abbewegte und manchmal glaubte, sie würde nie greifen und beginnen, Wasser zu befördern. Es fühlte sich tatsächlich so an, als ginge sie ins Leere und ich würde nur Luft pumpen. Doch wenn ich nicht aufgab, wurde es bald schwerer, den Hebel auf- und abzubewegen. Das war ein Zeichen dafür, dass das Wasser in Kürze fließen würde.

Ebenso ist es mit der Freude. Wir haben eine Wasserquelle in unserem Geist. Der Pumpenhebel, um die Freude heraufzubefördern, sind die äußerlichen Zeichen der Freude – lächeln, singen, lachen usw. Zuerst scheinen diese körperlichen Ausdrücke nichts Gutes zu bewirken, und nach einer Weile wird das Ganze sogar noch schwieriger. Doch wenn wir nicht aufgeben, sprudelt die Freude bald nur so aus uns heraus.

Wenn Freude eine Frucht des Geistes ist
und der Heilige Geist in dir ist, ist Freude in dir.
Wir müssen lernen, wie wir diese Freude freisetzen können.

GOTTES WORT FÜR DICH

Warum bist du so niedergeschlagen, mein innerer Mensch? Und warum solltest du über mich trauern und unruhig sein? Hoffe auf Gott und warte erwartungsvoll auf ihn, denn ich werde ihn noch preisen, ihn, meine Hilfe und meinen Gott.

PSALM 42, 6

WARTE ERWARTUNGSVOLL AUF GOTT

Kommt es vor, dass dein innerer Mensch am Boden zerstört ist? Bei mir ist das manchmal so. So war es auch bei David. Wenn er sich so fühlte, setzte David seine Hoffnung auf Gott, harrte auf ihn und pries ihn als sein Heil und seinen Gott.

Um seine niedergeschlagenen Gefühle zu überwinden, sang er Lieder und bekannte seine Erlösung mit lautem Rufen. Deshalb sind so viele seiner Psalmen Lobpreislieder, die inmitten von beunruhigenden Situationen gesungen werden sollten.

David wusste, was zu tun war, wenn er niedergeschlagen war. Deshalb sprach er mit sich selbst, seiner Seele (seinem Sinn, seinem Willen und seinen Emotionen), und ermutigte und stärkte sich im Herrn (siehe 1. Sam. 30, 6). Wenn wir deprimiert sind, sollten wir ebenso erwartungsvoll auf den Herrn harren, ihn preisen, der unser Heil und unser Gott ist, und uns in ihm ermutigen und stärken.

Wir, die wir gerecht sind, weil wir an Jesus Christus glauben, wir, die wir Zuflucht nehmen und unser Vertrauen auf den Herrn setzen, können vor Freude singen und jubeln! Der Herr breitet seinen Schutz über uns aus und verteidigt uns. Er kämpft unsere Schlachten für uns, wenn wir ihn preisen (vgl. 2. Chr. 20, 17; 20–21).

Wir müssen erkennen und bedenken,
dass Depressionen kein Teil unseres Erbes in Jesus Christus sind.
Sie sind kein Bestandteil des Willens Gottes für seine Kinder.

GOTTES WORT FÜR DICH

Seid ausgewogen (gemäßigt, nüchtern im Sinn), seid wachsam und immer vorsichtig, denn euer Feind, der Teufel, zieht umher wie ein brüllender [ausgehungerter] Löwe und sucht, wen er ergreifen und verschlingen kann. Widersteht ihm, seid fest im Glauben [verwurzelt, gegründet, stark, unbeweglich und entschlossen in eurer Haltung gegen seine Angriffe], da ihr wisst, dass dieselben Leiden euren Brüdern (dem ganzen Leib Christi) in der ganzen Welt bestimmt sind.

1. Petrus 5, 8–9

WIDERSETZE DICH DEPRESSIONEN SOFORT

Es gibt viele Ursachen für Depressionen – aber nur einen Ursprung: Satan. Er will, dass wir niedergedrückt bleiben und uns schlecht fühlen, damit wir nicht all das bekommen, wofür Jesus starb. Ganz gleich, welcher Art die Ursachen für Depressionen sind – körperlicher, geistiger, emotionaler oder geistlicher Art –, sobald wir spüren, dass sie beginnen, müssen wir uns ihnen sofort widersetzen und tun, wozu der Herr uns anleitet.

Spiel mit Depressionen nicht herum. Sobald wir merken, wie Enttäuschung in uns aufsteigt, müssen wir uns sagen: „Ich sollte besser etwas dagegen unternehmen, bevor es noch schlimmer wird." Wenn wir das nicht tun, werden wir letztendlich entmutigt und dann deprimiert werden. Jesus gab uns ein „Ruhmesgewand statt eines verzagten Geistes" (Jes. 61, 3), und das sollen wir anlegen. Wenn wir das, was er uns gegeben hat, nicht gebrauchen, sinken wir immer tiefer in die Falle der Depression und könnten am Ende in echte Schwierigkeiten geraten.

Wenn wir Satan bereits im Ansatz widerstehen, verhindern wir längere Phasen der Depression. Wir widerstehen Satan, indem wir uns Gott unterwerfen und das Schwert des Geistes, das Wort Gottes, schwingen (siehe Eph. 6, 17).

⚜

Jedes Mal, wenn wir etwas spüren, das nicht dem Willen Gottes für uns entspricht, müssen wir das scharfe, zweischneidige Schwert des Wortes schwingen.

GOTTES WORT FÜR DICH

Also [gibt es] jetzt keine Verdammnis für die,
die in Christus Jesus sind
(sie werden für ihr falsches Verhalten nicht verurteilt),
die nicht nach den Vorgaben des Fleisches,
sondern nach den Vorgaben des Geistes leben [1. Jo. 3, 18].

RÖMER 8, 1

KEINE VERDAMMNIS

Eines der häufigsten Mittel, das Satan benutzt, um zu bewirken, dass wir uns schlecht fühlen, ist Verdammnis. Sie kann auch eine Ursache für Depressionen sein. Laut dieser Bibelstelle sind wir, wenn wir in Christus sind, nicht mehr verdammt. Wir werden nicht mehr schuldig gesprochen, nicht mehr verurteilt. Doch oft verurteilen und verdammen wir uns selbst. Ich lebte einen Großteil meines Lebens mit Schuldgefühlen, bis ich das Wort Gottes lernte und verstand. Wenn mich jemand gefragt hätte, weshalb ich mich schuldig fühle, hätte ich keine Antwort geben können. Ich wusste nur, dass mich die ganze Zeit ein vages Gefühl der Schuldhaftigkeit verfolgte. Aus dieser Erfahrung gab Gott mir eine Offenbarung darüber, was es heißt, frei von Schuld und Verdammnis zu leben. Er zeigte mir, dass wir nicht nur seine Vergebung erhalten müssen, sondern uns auch selbst vergeben müssen. Wir müssen aufhören, uns weiter mit etwas herumzuquälen, das Gott vergeben und vergessen hat (siehe Jer. 31, 34; Apg. 10, 15).

Ich glaube, es ist nahezu unmöglich, deprimiert zu werden, wenn man den Sinn ganz im Griff hat. Deshalb wird uns in Jesaja 26, 3 gesagt, dass Gott uns beschützen und uns in vollkommenem und anhaltenden Frieden bewahren wird – wenn wir unseren Sinn auf ihn gerichtet halten.

Gott hat neue Dinge für dich am Horizont deines Lebens, doch du wirst sie nie sehen, wenn du in der Vergangenheit verweilst und sie noch einmal durchlebst.

GOTTES WORT FÜR DICH

Obwohl mich mein Vater und meine Mutter verlassen haben, nimmt mich der Herr dennoch auf [er adoptiert mich als sein Kind].

PSALM 27, 10

Seht, was für eine [unglaubliche] Liebe uns der Vater gegeben (gezeigt, geschenkt) hat, dass wir Kinder Gottes heißen [dürfen] und als solche gelten! Und wir sind es!

1. JOHANNES 3, 1

GOTT LEHNT UNS NICHT AB

Ablehnung verursacht Depressionen. Wenn wir abgelehnt werden, werden wir sozusagen weggeworfen, als seien wir wertlos und unerwünscht. Wir wurden geschaffen, um angenommen zu werden. Der emotionale Schmerz der Ablehnung geht sehr tief. Das ist besonders dann der Fall, wenn wir von jemandem abgelehnt werden, den wir lieben oder von dem wir erwarten, dass er uns liebt, wie unsere Eltern oder unser Ehepartner.

Wenn du deprimiert bist, kann das an einer Wurzel der Ablehnung liegen. Ablehnung zu überwinden, ist sicher nicht einfach, doch wir können sie durch die Liebe Jesu Christi besiegen. In Epheser 3, 18 betet Paulus für die Gemeinde, er betet, dass sie „die Breite und die Länge und die Höhe und die Tiefe" der Liebe, die Gott für sie hat, erkennen möge und dass sie diese Liebe erfahren möge. Er sagt, diese Erfahrung würde die bloße Kenntnis um diese Liebe übersteigen.

Beobachte, wie Gott dir seine Liebe zeigt. Das wird die Ablehnung, die du vielleicht von anderen Menschen erfährst, überwinden. Jedes Mal, wenn Gott uns seine Gunst erweist, zeigt er uns, dass er uns liebt. Er zeigt uns seine Liebe die ganze Zeit über auf viele Weisen; wir müssen einfach beginnen, darauf zu achten.

Wenn wir eine tiefe Offenbarung von der Liebe Gottes zu uns haben, bewahrt uns das vor Depressionen.

GOTTES WORT FÜR DICH

... zum Preise der Herrlichkeit seiner Gnade, mit der er uns begnadigt hat in dem Geliebten.

EPHESER 1, 6 (ELBERFELDER)

HÖRE, WAS GOTT ÜBER DICH SAGT

Gott will nicht, dass wir frustriert sind und uns verdammt fühlen. Er will, dass wir erkennen, dass wir ihm so gefallen, wie wir sind! Der Teufel versucht, uns ständig zu sagen, was wir nicht sind, Gott hingegen versucht, uns ständig zu sagen, was wir sind – seine geliebten Kinder, an denen er Wohlgefallen hat.

Gott erinnert uns nie daran, wie tief wir gefallen sind. Er erinnert uns immer daran, wie weit wir gekommen sind. Er macht uns bewusst, wie oft wir überwunden haben, wie kostbar wir in seinen Augen sind, wie sehr er uns liebt.

Der Teufel sagt uns, dass Gott uns unmöglich annehmen kann, weil wir nicht vollkommen sind. Gott sagt uns, dass wir aufgrund dessen, was er bereits für uns getan hat, in dem Geliebten angenommen sind.

Gott will, dass wir wissen, dass seine Hand auf uns liegt, dass seine Engel über uns wachen und dass sein Heiliger Geist in uns und mit uns ist, um uns bei allem, was wir tun, zu helfen.

Er will, dass wir wissen, dass Jesus unser Freund ist und dass Gutes in unserem Leben geschehen wird, wenn wir jeden Tag mit ihm gehen.

Wenn wir auf Gott statt auf den Teufel hören,
schenkt er uns Frieden, was unsere Vergangenheit, Freude,
was die Gegenwart, und Hoffnung, was die Zukunft betrifft.

Wenn du Angst hast

Wir können ohne Angst
und Furcht leben,

⚜

wenn wir unseren
Glauben auf das gründen,
was Gott in seinem Wort
gesagt hat.

GOTTES WORT FÜR DICH

*Fürchte dich nicht [du hast nichts zu fürchten],
denn ich bin mit dir; sieh dich nicht voller Schrecken um
und sei nicht bestürzt, denn ich bin dein Gott. Ich stärke dich
und lasse dich erhärten, was Schwierigkeiten betrifft,
ja, ich helfe dir; ja, ich halte dich und bewahre dich
mit meiner [siegreichen] Rechten der Gerechtigkeit.*

JESAJA 41, 10

sechs

WENN DU ANGST HAST

Ein Teil unseres geistlichen Erbes als Menschen, die an Jesus Christus glauben, ist das Vorrecht, frei zu sein von Angst und Furcht. Doch auch wenn wir uns fürchten, können wir weitergehen und nach dem handeln, was Gott sagt, weil er mit uns ist und uns beschützt. Er hilft uns, er geht uns voraus, um die Schlacht für uns zu schlagen und uns zu retten – er führt uns in den Sieg, wenn wir ihm gehorchen. Wenn du das Gefühl hast, dass dir aufgrund von Angst und Furcht Segen in deinem Leben entgangen ist, kannst du lernen, mit Angst und Furcht umzugehen und sie zu überwinden, sodass du das reiche Leben erfahren kannst, das Gott für dich geplant hat. „Fürchte dich nicht, denn ich, der Herr, bin mit dir" – das lesen wir in der Bibel immer wieder. Gott möchte nicht, dass wir uns fürchten, denn Furcht hält uns davon ab, all das zu erhalten und all das zu sein, was Gott möchte. Er liebt uns und will uns segnen und hat Wege geschaffen, dass wir uns nicht zu fürchten brauchen. Die einzige akzeptable Haltung (und das einzige akzeptable Bekenntnis) eines Christen in Anbetracht von Angst und Furcht ist: „Diese Furcht ist nicht von Gott und ich lasse nicht zu, dass sie mein Leben bestimmt! Ich konfrontiere die Furcht, denn sie ist ein Geist, der aus der Hölle geschickt wurde, um mich zu quälen." Gott hat einen Plan für dein Leben. Empfange diesen Plan, indem du deinen Glauben auf Gott setzt. Triff heute die Entscheidung, dass du dich nicht länger von einem Geist der Furcht einschüchtern und dein Leben nicht mehr von ihm beherrschen lässt.

Jesus ist dein Erlöser. Wenn du ihn eifrig suchst, wird er dich von Angst und Furcht befreien.

GOTTES WORT FÜR DICH

*Fürchtet euch nicht; steht ruhig
(fest, zuversichtlich und unbeirrt) und seht die Rettung des Herrn,
die er heute für euch wirken wird.*

2. MOSE 14, 13

*… dem Teufel … er war ein Mörder von Anfang an
und steht nicht in der Wahrheit, weil keine Wahrheit in ihm ist.
Wenn er die Lüge redet, so redet er, was von ihm ist,
denn er ist ein Lügner und der Vater der Lüge und alles Falschen.*

JOHANNES 8, 44

FURCHT IST LÜGE

Jesus sagte, der Teufel sei ein Lügner und der Vater aller Lügen. Die Wahrheit ist nicht in ihm. Er versucht, Gottes Volk mit Lügen zu verführen und sie in Angst und Furcht gefangen zu halten, sodass sie nicht den Mut haben, dem Herrn zu gehorchen und den Segen zu erfahren, den der Herr für sie bereithält. Oft ist Furcht vor etwas schlimmer als das, was wir fürchten. Wenn wir mutig und entschlossen sind und das tun, was wir fürchten, werden wir merken, dass es nicht annähernd so schlimm ist, wie wir dachten.

Der Herr sagte in der Bibel immer wieder zu seinem Volk: „Fürchte dich nicht." Ich glaube, er tat das, um sie zu ermutigen, sodass sie Satan nicht erlauben würden, sie ihres Segens zu berauben.

Weil der Herr weiß, dass wir schnell Angst haben, ermahnt und ermutigt er uns weiterhin, dranzubleiben, egal was vor uns liegt, und seinen Willen zu tun. Warum? Weil er weiß, dass uns großer Segen erwartet. Furcht baut auf Scheinwahrheiten auf. Der Feind möchte dir einreden, dass deine derzeitige Situation der Beweis dafür ist, dass es für deine Zukunft keine Hoffnung gibt, doch die Bibel lehrt uns, dass dir – ganz gleich, wie deine momentane Situation sein mag – mit Gott nichts unmöglich ist (siehe Mk. 9, 17–23).

Nur wenn du Gottes Wort kennst, kannst du die Lügen Satans erkennen. Bekenne das Wort Gottes – es bringt dir den Sieg!

GOTTES WORT FÜR DICH

Denn Gott hat uns keinen Geist der Furcht (der Feigheit, der Verzagtheit und der panischen Angst) gegeben, sondern [einen Geist] der Kraft und der Liebe und des ruhigen und ausgewogenen Sinns und der Zucht und der Selbstbeherrschung.

2. TIMOTHEUS 1, 7

KEINE ANGST

Jeder von uns hat erlebt, wie es ist, wenn wir den ersten Schritt im Glauben machen, allein der Gedanke daran lässt uns die Haare zu Berge stehen. Wir müssen erkennen, dass Satan hinter Angst und Furcht steht. In 1. Johannes 4, 18 heißt es: „Furcht ist nicht in der Liebe, sondern die vollkommene Liebe treibt die Furcht aus, denn die Furcht hat es mit Strafe zu tun. Wer sich aber fürchtet, ist nicht vollendet in der Liebe" (*Elberfelder*). Satan schickt Furcht und versucht, uns so sehr zu quälen, dass wir zweifeln, uns elendig schlecht fühlen und somit nicht das tun, was Gott möchte, und nicht das erhalten, was Gott für uns hat.

Wir können ohne Angst leben, wenn wir unseren Glauben auf das bauen, was Gott in seinem Wort gesagt hat. Wenn wir unseren Mund öffnen und bekennen, was der Herr zu uns und über uns sagt, gibt uns Gottes Wort die Kraft, die Ängste, die uns quälen und behindern, zu überwinden.

Wenn wir merken, dass wir aufgrund von Furcht, Angst, Zweifeln oder falschen Überlegungen vermeiden, bestimmte Probleme anzugehen, sollten wir beten und Gott bitten, das für uns zu tun, was er in seinem Wort verheißen hat – vor uns herzugehen und den Weg für uns zu ebnen.

Bitte Gott, deinen inneren Menschen zu stärken,
dass seine Macht und Kraft dich erfüllen und du nicht
der Versuchung erliegst, der Angst nachzugeben.

GOTTES WORT FÜR DICH

Denn [der Geist, den] ihr jetzt empfangen habt, ist kein Geist der Knechtschaft, sodass ihr erneut von Angst gebunden wärt, sondern ein Geist der Adoption [der Geist, der Sohnschaft bedingt]; in ihm rufen wir [voller Glück]: Abba (Vater)! Vater!

RÖMER 8, 15

Ich werde keine Angst haben

Angst beraubt viele Menschen ihres Glaubens.

Die Angst, zu versagen, Menschenfurcht und die Angst, abgelehnt zu werden, sind einige der stärksten Ängste, die von Satan eingesetzt werden, um uns daran zu hindern, Fortschritte zu machen. Doch egal mit welcher Angst der Feind gegen uns zu Felde zieht – wir müssen sie überwinden. Wenn wir mit Angst konfrontiert werden, dürfen wir ihr nicht nachgeben. Wenn wir siegreich sein wollen, müssen wir beschließen: „Ich werde keine Angst haben!“ Die normale Reaktion auf Angst ist die Flucht. Satan will, dass wir davonrennen; Gott will, dass wir stehen bleiben und seine Befreiung sehen. Viele Menschen stellen sich ihren Problemen nicht – sie rennen ihr ganzes Leben davon, weil sie Angst haben. Wir müssen lernen, fest zu stehen und unserer Angst ins Auge zu sehen, und das mit dem Bewusstsein, dass wir mehr als Überwinder sind (siehe Röm. 8, 37). Die Angst, zu versagen, quält viele Menschen. Wir fürchten uns vor dem, was die Leute denken, wenn wir versagen. Doch wenn wir den Schritt wagen und versagen, werden zwar einige Leute davon hören, es aber auch schnell wieder vergessen, wenn wir es auch vergessen und weitermachen. Es ist besser, etwas zu versuchen und dabei zu versagen, als nichts zu versuchen und dabei erfolgreich zu sein.

⚜

Geh das Leben kühn und wagemutig an.
Der Geist des Herrn ist in dir – also entscheide dich dafür, keine Angst zu haben.

GOTTES WORT FÜR DICH

Das ernsthafte (überzeugte, fortwährende)
Gebet eines Gerechten
setzt ungeheure Kraft frei [wirkt dynamisch].

JAKOBUS 5, 16

NIMM ALLES INS GEBET UND FÜRCHTE NICHTS

Vor einiger Zeit sprach der Herr zu mir: „Nimm alles ins Gebet und fürchte nichts." In den folgenden Wochen zeigte er mir verschiedene Bereiche, in denen der Gegensatz von Angst und Gebet deutlich wurde. Oft ging es um kleine Bereiche, in denen Angst und Furcht versuchten, sich in mein Leben zu schleichen und mir Probleme zu bereiten. Gott zeigte mir, dass die Lösung in jedem Fall darin bestand, zu beten – egal, wie groß und bedeutend oder klein und unbedeutend die Sache zu sein scheint. Manchmal bekommen wir es mit der Angst zu tun, wenn wir auf unsere Umstände schauen. Je mehr wir uns auf das Problem konzentrieren, umso mehr Angst bekommen wir. Wir sollten stattdessen unseren Fokus auf Gott richten und dort halten. Er kann mit allem umgehen, was wir jemals erleben könnten. Gott hat versprochen, uns zu stärken, uns gegen Schwierigkeiten abzuhärten, uns zu halten und uns mit seiner siegreichen Rechten zu bewahren. Er gebietet uns auch, uns nicht zu fürchten. Bedenke jedoch, dass er uns nicht aufträgt, niemals Angst zu haben, sondern, nicht zuzulassen, dass Angst uns beherrscht.

Der Herr sagt uns: „Fürchte dich nicht, ich werde dir helfen." Wir erfahren die Hilfe Gottes aber nicht, bis wir nicht das Risiko eingehen und gehorsam den ersten Schritt im Glauben machen.

Wenn du Angst verspürst, mach keinen Rückzieher und lauf nicht weg. Bete stattdessen und geh voran, auch wenn du Angst hast.

GOTTES WORT FÜR DICH

Wenn aber jemandem Weisheit mangelt, so bitte er Gott [den Geber], der jedem willig und großzügig gibt und nicht nach Fehlern sucht und keine Vorwürfe macht, und sie wird ihm gegeben werden. Er bitte aber im Glauben, ohne zu wanken (zu zögern oder zu zweifeln); denn wer wankt (zögert, zweifelt), gleicht einer Meereswoge, die vom Wind bewegt und hin und her getrieben wird. Denn so ein Mensch denke nicht, dass er etwas [worum er bittet] von dem Herrn empfangen werde.

JAKOBUS 1, 5–7

Glaube: Das Gegenmittel zur Angst

Glaube ist das einzige Gegenmittel zur Angst.

Wenn wir Gift trinken würden, müssten wir ein Gegenmittel schlucken, sonst würde das Gift ernsthaften Schaden verursachen oder gar zu unserem Tod führen. Dasselbe gilt für das tödliche Gift der Angst. Wir benötigen ein Gegenmittel, und das einzige Mittel gegen Angst ist Glaube.

Wenn die Angst an unsere Tür klopft, müssen wir ihr mit Glauben antworten, da nichts anderes gegen sie wirkt. Das Gebet ist das Gefährt, das diesen Glauben trägt.

Der Glaube muss zum Problem gebracht und irgendwie freigesetzt werden. Wir können ohne Glauben beten (das tun wir die ganze Zeit); wahren Glauben zu haben und *nicht* zu beten, geht jedoch nicht.

Jakobus sagt, dass wir, wenn wir etwas benötigen, beten und Gott in einem *einfachen* Gebet voller Glauben darum bitten sollen. Das ist sehr wichtig. Wir tun das, indem wir beten und dabei glauben, dass wir das, worum wir bitten, von Gott gemäß seinem Willen empfangen werden.

Richte deinen Glauben auf den Herrn.
Er kann dich von jeder Angst befreien.

GOTTES WORT FÜR DICH

[In Haran] sprach der Herr nun zu Abram:
Geh [zu deinem eigenen Vorteil] aus deinem Land
und aus deiner Verwandtschaft und dem Haus deines Vaters
in das Land, das ich dir zeigen werde.

1. Mose 12, 1

TU ES TROTZ ANGST!

Wie würdest du dich fühlen, wenn Gott dir sagen würde, du sollst dein Zuhause, deine Familie und alles, was vertraut und bequem ist, verlassen und sonstwohin aufbrechen? Wärst du voller Angst? Dieser Herausforderung stellte sich Abram und sie machte ihm Angst. Deshalb sagte Gott immer wieder: „Fürchte dich nicht."

Elisabeth Elliot, deren Mann zusammen mit vier anderen Missionaren in Ecuador getötet wurde, sagt, dass ihr Leben eine Zeit lang vollkommen von Angst beherrscht wurde. Immer wenn sie begann, voranzugehen, hielt die Angst sie auf. Doch dann sagte ihr eine Freundin etwas, das sie freisetzte. Sie sagte: „Warum tust du es nicht trotz deiner Angst?" Elisabeth Elliot und Rachel Saint, die Schwester eines der getöteten Missionare, evangelisierten weiter unter indianischen Stämmen, auch unter dem Stamm, der ihre Männer umgebracht hatte.

Wenn wir darauf warten, keine Angst mehr davor zu haben, etwas zu tun, werden wir wahrscheinlich sehr wenig erreichen, sei es für Gott, für andere Menschen oder auch für uns. Sowohl Abram als auch Josua mussten in Glauben und Gehorsam losziehen und tun, was Gott ihnen befohlen hatte – trotz ihrer Angst. Dasselbe müssen auch wir tun.

Sei entschlossen, dein Leben nicht von Angst, sondern von Gottes Wort bestimmen zu lassen.

GOTTES WORT FÜR DICH

Nach diesen Dingen kam das Wort des Herrn in einer Vision zu Abram: Fürchte dich nicht, Abram, ich bin dein Schild, deine reiche Entschädigung, und dein Lohn wird reich sein.

1. Mose 15, 1

MUT UND GEHORSAM BRINGEN REICHEN LOHN

In 1. Mose 12, 1 gab Gott Abram eine schwierige Aufgabe. Er sagte: „Pack deine Sachen und verlasse jeden, den du kennst, und alles, was bequem ist, und geh an einen Ort, den ich dir zeigen werde."

Wenn Abram sich der Angst gebeugt hätte, wäre der Rest der Geschichte nie geschehen. Er hätte Gott nie als sein Schild und als seine reiche Entschädigung erlebt, er hätte nie seinen übermäßig großen Lohn erhalten.

Auch hätten weder Josua noch sein Volk je genossen, was Gott für sie vorbereitet hatte, hätte er nicht seine Angst überwunden und Gottes Gebot, sein Volk in das verheißene Land zu führen, gehorcht.

In Gottes Wort liegt die Kraft, die uns befähigt, uns nicht mehr zur Freude des Teufels der Angst zu beugen. Wir können tun, was Gott will, auch wenn wir es trotz unserer Angst machen müssen. Wir müssen beständig sagen: „Herr, stärke mich. Du hast mir das zu tun aufgetragen und mit deiner Hilfe werde ich es tun, denn das ist dein offenbarter Wille für mich. Mein Leben wird nicht von Angst, sondern von deinem Wort bestimmt werden."

Gott erlöst uns nicht immer von allem;
oft bringt er uns durch.

GOTTES WORT FÜR DICH

*So finden wir Trost und Ermutigung und Zuversicht
und sagen kühn: Der Herr ist mein Helfer;
ich werde nicht von Furcht ergriffen werden [ich werde mich nicht
fürchten oder Angst haben oder erschrocken sein].
Was kann mir ein Mensch antun?*

HEBRÄER 13, 6

BEKÄMPFE ANGST MIT GEBET

Jeder wird von Angst angegriffen. So quält uns Satan und hält uns davon ab, das Leben zu genießen, das Jesus mit seinem Tod für uns erwarb. Wenn wir die Angst annehmen, die Satan uns anbietet, und sie aussprechen, öffnen wir dem Feind die Tür und verschließen sie vor Gott. Wir müssen lernen, wie David und der Verfasser des Hebräerbriefes mutig zu bekennen, dass Gott unser Helfer, unsere Zuflucht und unsere Festung ist. Satan ist darauf aus, uns durch Angst zu schwächen, doch Gott stärkt uns, wenn wir im Gebet Gemeinschaft mit ihm haben. Die Bibel lehrt uns, zu wachen und zu beten: „Ihr alle müsst wachen (euch bewusst konzentrieren, vorsichtig sein und beständig daran festhalten) und beten, damit ihr nicht in Versuchung kommt! Der Geist ist zwar willig, das Fleisch aber schwach" (Mt. 26, 41). Der Haupthinweis in diesem Abschnitt ist, dass wir auf uns selbst und die Angriffe, die der Feind auf unseren Sinn und unsere Gefühle unternimmt, achten sollen. Wenn diese Attacken aufgedeckt werden, sollten wir sofort beten. Wir müssen uns bewusst sein, dass, wenn wir beten, Kraft gegen den Feind freigesetzt wird – nicht, wenn wir darüber nachdenken, später zu beten. Wache und bete, egal, um was es geht. Ich glaube, du wirst merken, wie das mehr Freude und Frieden in deinen Alltag bringt.

Wenn wir je wirklich einen Sieg über den Feind erringen wollen, müssen wir ihm in Gebet und Glauben widerstehen.

JOYCE MEYER

Joyce Meyer lehrt das Wort Gottes seit 1976 und steht seit 1980 im vollzeitlichen Dienst. Sie hat über 50 inspirierende Bestseller verfasst, einschließlich *Schönheit statt Asche, Richtig mit Gefühlen umgehen, Ich und meine große Klappe* und *Sag ihnen, dass ich sie liebe.* Darüber hinaus hat sie Tausende Lehrkassetten und eine komplette Videoserie veröffentlicht. Joyces Radio- und Fernsehsendungen *Enjoying Everyday Life* werden auf der ganzen Welt ausgestrahlt. Sie reist viel und dient dabei in Gemeinden und auf Konferenzen. Joyce und ihr Mann Dave haben vier erwachsene Kinder und leben in St. Louis, Missouri.